Comment obtenir plus de clients

INTRODUCTION

Dans un monde parfait, nous ne pourrions jamais manquer de clients et nous n'aurions jamais besoin de chercher du travail.

Il est choquant de constater que nous ne vivons pas dans un monde parfait et que pour un grand nombre d'entre nous, la prospection de clients fait partie de l'activité, en tout cas, lorsque nous préférons travailler sur des projets de nature compétente ou individuelle.

Imaginez une situation dans laquelle nous vous révélons que vous pourriez avoir des clients potentiels qui remplissent votre boîte de réception ou vous appellent pour travailler avec vous.

Si vous ne vous demandez pas : "Vraiment, comment pourrais-je faire ça ? Alors, merci pour votre temps.

Pour chaque autre personne, faites un lien de cause à effet avec nos conseils, vous découvrirez comment faire pour que les clients vous devancent à l'entrée.

Nous devrions nous y mettre !

Table des matières

POURQUOI DEVEZ-VOUS OBTENIR DES CLIENTS

Puisque les clients sont l'âme de tout type d'entreprise.

Sans les clients, il n'y a pas moyen de garder la lumière allumée.

Au cours des dernières décennies, les gouvernements ont concentré leurs efforts pour faire progresser le développement financier de l'intérieur, donner les moyens de créer de nouvelles entreprises et aider les petites et moyennes entreprises à se développer.

Pour réaliser le développement monétaire, quelques entreprises ont dû mettre des ressources dans un autre endroit et échanger les spéculations existantes. Ceci est dicté par la présence de trois facteurs principaux :

- Les caractéristiques de l'entreprise ou du segment d'action ;

- Les caractéristiques du nouveau site ;

- Les pouvoirs extérieurs qui influencent l'économie d'un lieu.

Les gouvernements des nations soutiennent l'ouverture de nouvelles entreprises dans des endroits spécifiques afin d'accomplir la restauration financière de cette zone.

Attirer des entreprises de différents secteurs

Afin d'attirer les agents monétaires, les communautés et les nations urbaines doivent comprendre ses points forts et ses points faibles. Un rafraîchissement raisonnable et continu des économies de possession, des conditions de circulation, des facteurs de coût et des composantes de la satisfaction personnelle garantit la compréhension des avantages qu'une région offre trop par rapport à une autre.

Dès qu'une entreprise choisit de construire un autre bureau ou de déménager, le processus de choix se déroule en deux étapes : l'étape principale suggère la recherche et, enfin, la décision d'un lieu qui offre les avantages financiers nécessaires. La décision territoriale dépend de la situation générale

des critères monétaires identifiés avec les facteurs de création : puissance de travail, transport, marchés et matériaux.

L'étape suivante suggère de choisir une colonie à l'intérieur de la zone choisie ; le processus de détermination se limite à l'endroit de mise en place.

Les facteurs d'accompagnement doivent être décomposés au cours du processus de constitution des entreprises qui sont considérées comme suffisantes pour être attirées :

- les facteurs d'influence de l'entreprise : le type de procédures répétées, la mentalité face au danger, la taille de l'association, etc ;

- les facteurs d'influence de l'objet : le taux d'étrangeté, le taux d'inventivité, le taux de nature multiforme, etc ;

- les facteurs d'influence de l'innovation : la dynamique du développement mécanique ; l'imprévisibilité des progrès ;

Dans ce processus d'évaluation sont également importants : l'entrepreneur, l'entreprise - ses caractéristiques, et la méthodologie.

L'entrepreneur - la prospérité de l'entreprise dépend extraordinairement des caractéristiques de l'entrepreneur :

- Raisons : les individus "contraints" de créer une nouvelle entreprise pour cause de chômage ou pour d'autres raisons ont une plus petite chance de rendre les entreprises capables de se développer rapidement que les individus "attirés" par les avantages offerts par les portes ouvertes existant sur le marché.

- Formation et expérience : une formation supérieure et une expérience de gestion passée sont des avantages.

- L'âge : les entrepreneurs d'âge moyen ont de meilleures chances de concilier les demandes de vitalité et l'expérience importante pour le développement.

- Nombre : une entreprise détenue par de nombreuses personnes a une meilleure chance d'avoir l'étendue d'information importante pour s'occuper des problèmes.

L'entreprise - les caractéristiques de l'entreprise sont en outre une source d'intrigue :

- L'âge : les nouvelles entreprises deviennent plus rapides que les anciennes.

- Taille : les nouvelles entreprises deviendront en général plus rapides que les anciennes. Une fois que l'âge devient un facteur, il y a un poids sur les petites entreprises pour arriver à la taille raisonnable de base aussi vite qu'il serait prudent.

- Statut juridique : les entreprises à risque limité se développent plus rapidement que les entreprises ou organisations individuelles.

- La localisation : elle peut avoir une influence notable sur le développement d'une entreprise.

- Secteur : le rythme général d'évolution du marché ou de la partie mécanique où l'entreprise a des capacités.

Le système - quatre domaines clés qui influencent particulièrement le développement ont été trouvés :

- Fonds propres externes : les entreprises en création ont une meilleure possibilité d'obtenir des actifs extérieurs de personnes ou d'associations particulières de l'extérieur.

- Localisation du marché : les entreprises qui ont un taux de développement élevé ont tendance à remplir des spécialités du marché choisies intentionnellement, où elles peuvent étudier des avancées ou des améliorations mécaniques.

- Innovation : la présentation de nouveaux articles est la clé du développement des petites entreprises.

- Recrutement de l'équipe dirigeante : choisir, persuader et garder l'équipe dirigeante est important pour augmenter les chances d'une entreprise.

Les différentes structures permettant d'attirer les entreprises qui sont enthousiastes pour un marché se font par le biais de : coentreprises qui incorporent l'octroi de licences, la production contractuelle, la gestion contractuelle, la copropriété ; investissement direct.

Le terme "partenaire dans des entreprises communes" désigne la relation d'une entreprise avec un complice du pays d'accueil pour livrer ou vendre dans ce pays. Il existe quatre types de relations dans les entreprises communes : l'octroi de licences, la production contractuelle et la propriété commune.

L'octroi de licences est une technique pour pénétrer un marché étranger, cette stratégie implique de mettre fin à une concurrence de licence avec une entreprise de ce pays, ce qui donne à l'entreprise le privilège d'utiliser le processus de production, la marque et le brevet en échange d'une dépense de licence.

La production contractuelle parle d'une entreprise commune dans le cadre de l'entreprise qui signe un accord avec les fabricants d'un marché étranger afin de fabriquer ses articles ou de donner ses administrations.

La gestion contractuelle est une entreprise commune dans laquelle la société autochtone offre des compétences de gestion de premier plan à une entreprise étrangère, qui garantit le capital de l'entreprise ; la société autochtone fait le commerce d'administrations de gestion, et non d'articles.

Au sein de l'entreprise commune, la société s'unit aux spécialistes financiers d'un marché étranger
 afin de créer une entreprise de quartier. La propriété et le contrôle de cette nouvelle entreprise seront partagés conjointement.

L'investissement direct se termine par l'entrée sur un marché étranger par la mise en place de chaînes de collecte ou de production dans des pays étrangers.

Maintenir et favoriser le développement des entreprises existantes

Maintenir et élargir les entreprises existantes dans une ville est l'une des stratégies les plus utilisées.

Au moment où l'accent est mis sur les stratégies de maintien, la ville doit mener un examen vital destiné à faire ressortir les entreprises qui méritent d'être maintenues. Cet examen permet d'isoler les entreprises en trois catégories :

- Les entreprises qui seront très probablement fermées prochainement ;

- Les entreprises qui survivront le plus probablement resteront toutefois de petite taille ;

- Les entreprises qui ne se contenteront pas de survivre, mais se développeront rapidement.

Dans le cadre du processus de développement, les entreprises doivent adopter diverses stratégies et capacités, en fonction de leur rythme de développement. Comme l'indique M. Drucker, le développement parle du pouvoir de la raison et montre comment l'importance du marketing, de l'argent et de la gestion représentative change, en fonction des étapes de développement d'une entreprise.

Marketing : la nécessité d'une orientation sur le marché est d'une importance capitale lorsque l'entreprise fait ses premiers pas vers le développement. L'absence de centre de marché est un problème pour la création d'entreprises ; la déception est rapide si l'intérêt est insuffisant ou si son incitation est insuffisante.

L'argent : des stratégies monétaires déficientes sont le plus grand risque pour une entreprise qui entre dans une autre phase de développement. Dans ce cas, les projecteurs doivent être braqués sur l'argent et non sur les bénéfices, car une entreprise en croissance dépasse sa base de capital. Pour que le processus de développement se déroule sans heurts, l'entreprise doit modifier sa structure monétaire et améliorer les systèmes de contrôle de l'argent.

Gestion : après avoir pénétré un autre marché et s'être dotée d'une structure et d'un contrôle liés à l'argent, l'entreprise a besoin d'une équipe de direction.

Promouvoir les entreprises existantes sur le marché

Les instruments les plus répandus pour les politiques de promotion, utilisés par l'entreprise afin d'être rentable et de garder un nom sur le marché, sont les suivants : publicité, vente personnelle et non personnelle la vente, le publipostage, les cartes de clients, les clubs de clients, le marketing téléphonique, le marketing en ligne, le marketing d'occasion.

Les différents instruments des politiques de promotion pourraient être : la télévision, les journaux, les magazines, la radio et les panneaux d'affichage.

Publicité - lorsque les individus envisagent des messages de marketing, ils envisagent des promotions. Il s'agit d'une "communication non personnelle rémunérée, réalisée par le biais de différentes sources médiatiques qui sont reconnues dans la publicité dans une certaine mesure et qui voudraient éclairer et persuader les individus d'un groupe privé de spectateurs".

Lorsqu'ils choisissent l'adéquation de la publicité comme instrument de promotion, les experts en marketing tiennent compte de questions telles que la limite financière ou la station médiatique à utiliser : télévision, radio, prospectus, envois ou panneaux d'affichage. En choisissant "quand", "où" et "comment" utiliser une publicité, les experts en marketing choisissent la technique qui transmet le plus efficacement les messages sur le produit.

Vente personnelle - suggère un contact direct entre le vendeur et le client. La vente personnelle doit être possible par le biais de rencontres personnelles et rapprochées avec le client, par téléphone (télémarketing), par vidéo ou par PC. Ils adressent une critique rapide au vendeur, ce qui l'amène à diriger le dialogue de manière à répondre aux besoins de ce client.

Promotions - lorsque les experts en marketing ont besoin d'un développement rapide en raison de la communication, ils utilisent régulièrement des promotions. Les promotions sont "des pressions médiatiques et non médiatiques, appliquées pour une période déterminée et limitée, au niveau du client, des ventes au détail ou des transactions de masse de manière à encourager les probations, cela suscite l'intérêt pour améliorer le produit".

Publicité - est "la communication de données sur une entreprise ou un produit, de manière non payante, par une structure médiatique".

L'instrument de publipostage suggère d'envoyer des index, des lettres, des prospectus ou différents articles qui attireront l'attention du client.

Le marketing d'occasion comprend l'organisation, le tri, la mise en place et le contrôle des occasions auxquelles les clients sont associés et qui constituent des étapes de la communication de l'entreprise. Par exemple, les occasions potentielles sont des manifestations sportives ou sociales, ou une "journée portes ouvertes".

Les différents instruments sont les télévisions, les journaux, les magazines, la radio et les panneaux d'affichage.

- *Sans clients, vous ne pouvez pas vous développer.*

Si vous êtes propriétaire d'une entreprise, consultant ou travailleur indépendant, vous avez sans aucun doute vécu la bataille qui consiste à tenter de développer votre entreprise sans utiliser le moindre centime. En fait, il y a de fortes chances que l'envie d'attirer plus de clients, de vendre des services de plus grande valeur ou d'expédier plus de produits fasse partie intégrante de votre plan d'affaires. En outre, il devrait l'être !

Même si vous disposez déjà d'une offre qui a fait ses preuves en matière d'incitation pour les clients nouveaux ou existants, vous avez toujours la possibilité de faire passer votre entreprise ou votre projet privé au niveau suivant. Vous devez vous réserver une place de choix auprès de clients qui s'occupent des comptes, mais aussi auprès de clients qui vous permettent de facturer plus et de construire votre réputation de pionnier dans votre secteur. Le développement des entreprises n'est pas chose facile. Pour y parvenir, il faut une façon très importante et très réfléchie de détailler votre offre en fonction de vos clients idéaux.

Voici la manière dont vous allez développer une entreprise prospère.

1. Identifiez vos clients cibles

Il est essentiel de comprendre pourquoi vous avez besoin d'une image clairement caractérisée de vos clients objectifs dans tous les cas. Si vous ne comprenez pas la clientèle qui a besoin de vos produits ou de vos administrations et qui est aussi désireuse de les payer, vous allez passer une tonne de temps à essayer de vous présenter à des personnes inappropriées. Vous n'allez pas être tout pour tout le monde, c'est tout simplement irréaliste - et vous ne devriez pas avoir envie de l'être. Votre objectif est censé être de construire une notoriété révolutionnaire pour vos administrations efficaces, dans votre spécialité.

Pour ce faire, vous avez besoin d'une information privée sur les clients objectifs que vous suivez. Familiarisez-vous avec leurs penchants, ce qui les inspire, s'ils sont logiques ou innovants, et surtout avec les objectifs que vous pouvez leur permettre d'atteindre. Par exemple, si vous vous concentrez sur le développement rapide de nouvelles entreprises innovantes pour vos administrations de relations publiques, il est probable qu'elles vous évalueront en fonction des informations sur votre secteur d'activité, de votre expérience passée dans leur domaine et qu'elles vous contacteront dans des organes de presse importants. Connaissez vos clients et répondez à leurs besoins. Le soutien des clients est toujours gagnant.

2. Renforcer votre autorité et créer la confiance

Comment présenteriez-vous votre entreprise et vos idées commerciales sur le web ? Avant de pouvoir être largement reconnu comme un spécialiste ou un expert dans votre domaine, vous aurez besoin que les gens vous fassent confiance et vous considèrent. L'une des meilleures approches pour construire votre notoriété consiste à vous faire représenter par vos clients. Il est bien mieux de donner à vos clients l'occasion de vous féliciter avec enthousiasme que de se vanter de vos résultats stupéfiants et de vos administrations inventives.

Approchez vos meilleurs clients pour une évaluation que vous pourrez distribuer sur votre site, sur les canaux de vie en ligne et sur les documents destinés aux clients. Si vous avez travaillé admirablement pour eux, ils prendront volontiers quelques instants pour vous faire un compte rendu élogieux. Vous devrez choisir délibérément les personnes à qui vous demandez des examens - assurez-vous qu'elles appartiennent à des associations ou à des personnes que vous pourriez souhaiter avoir plus de clients comme vous. Si vous avez besoin de plus d'entreprises BMW comme clients de fantaisie, vous n'aurez probablement pas envie à ce moment-là de demander à l'administration de la préparation canine de votre compagnon de vous donner un avis. Assurez-vous d'avoir également un mélange de clients existants et de nouveaux clients. Cela permettra d'acquérir des clients potentiels. N'hésitez pas à utiliser vos résultats positifs et vos hommages dans votre système de connexion. Si vous venez d'aider une entreprise d'un secteur particulier à atteindre ses objectifs, il y a de fortes chances que vous soyez très bien préparé à soutenir une autre entreprise comparable - donnez-leur ça !

Donner des ressources gratuites qui inspirent confiance

Dans le monde des affaires actuel, tant de données sont accessibles pour rien au cas où vous réaliseriez comment les découvrir. C'est la raison pour laquelle il est plus important qu'à tout autre moment de construire une association importante avec vos futurs clients. Si vous leur offrez une incitation avant même qu'ils ne demandent quoi que ce soit, ils seront d'autant plus proches de marquer un accord lorsque vous vous connecterez.

Offrez un téléchargement gratuit de quelque chose qui incitera votre client à optimiser ses affaires, donnez des entretiens gratuits aux personnes qui correspondent à ce profil parfait, ou faites un cours en ligne gratuit qui s'occupe d'une partie des problèmes que vous avez découverts chez vos clients. Si vous pouvez montrer à vos clients potentiels que vous pouvez manifestement résoudre leurs difficultés (ou leur donner les appareils et leur permettre de résoudre leurs propres problèmes), vous serez la doublure de la personne principale qu'ils appelleront une fois qu'ils seront prêts. Vous aurez également la possibilité de rester en contact, de rester au sommet de votre psyché et de construire votre association avec eux en leur envoyant régulièrement des messages au fur et à mesure de leur intérêt. C'est une méthode incroyable pour développer le développement des entreprises.

Développez votre politique de la corde de velours rouge

Quelle est l'estime des personnes avec lesquelles vous travaillez le mieux ? Il faut savoir que vous n'avez pas seulement besoin de clients qui ont des plans de dépenses énormes et des poches profondes. Bien sûr, vous devez donner à l'ensemble de vos clients potentiels la possibilité de payer vos frais, mais il arrive aussi que les clients les plus fortunés aient la plus grande popularité et canalisent l'adéquation de votre entreprise, qu'ils ne paient pas à temps ou qu'ils aient un cadre de valeur biaisé qui ne correspond pas à vos besoins.

Découvrez vos clients à la convergence des personnes qui peuvent se permettre vos administrations à un point de valeur qui vous permet de développer vos affaires de manière viable, mais aussi de fournir vos meilleurs résultats. Si votre client a tout l'argent du monde mais ne paie jamais dans les délais, cela ne vous engage pas à faire le travail le plus idéal pour lui.

N'ayez pas peur de dire non

Lorsque vous aurez mis en place votre politique de la corde de velours rouge, vous aurez une image raisonnable des clients dont vous avez besoin pour votre entreprise. Quelle que soit la durée pendant laquelle ces désirs sont raisonnables, n'entravez pas votre activité en tolérant des clients qui ne vous aideront pas à fonctionner au mieux de vos capacités.

Au moment où vous travaillerez avec vos meilleurs clients, vous produirez votre meilleur travail.

Alors, comment obtenir plus de clients ? Il n'y a pas de limace d'argent. J'aimerais pouvoir composer une entrée de blog et dire "X" et vous aurez des clients qui vont vous frapper à l'entrée aujourd'hui, et pour longtemps encore. Pour obtenir de nouveaux clients, il faut plutôt faire preuve de beaucoup d'énergie, de vitalité et d'efforts. Pour obtenir un portefeuille cohérent de clients, vous devez consacrer du temps à l'établissement de contacts, à la mise en réseau et à la commercialisation de votre cabinet de conseil. Dans ce livre, je vais vous présenter des stratégies que vous pouvez utiliser pour obtenir de nouveaux clients. Il se peut que vous en connaissiez une partie au départ, mais que vous en lisiez le contenu car j'ai inclus des conseils, des biens et des instruments de soutien pour chacun d'entre eux.

ÉCRIRE UN EBOOK

De nombreuses personnes écrivent des livres électroniques dans le but d'en tirer profit sur le web. Cependant, il existe un rassemblement de professionnels des affaires qui pourraient extraordinairement développer leur activité et leur salaire en écrivant un livre électronique. Je parle des avocats, des comptables, des agents immobiliers, des esthéticiennes, des coachs personnels, des masseuses et des green keepers, pour donner quelques exemples. Ces professionnels ne peuvent évidemment pas travailler exclusivement en ligne. Ils doivent disposer d'un bureau ou d'un lieu physique pour leur entreprise. Ils ont besoin de personnes qui se promènent dans leur bureau (ou, si rien d'autre ne les appelle au téléphone) et qui paient pour leurs administrations.

Voici six raisons pour lesquelles les professionnels des affaires devraient écrire un livre électronique :

1. En écrivant un livre électronique, vous pouvez démontrer que vous êtes un spécialiste dans ce domaine. Il est vraiment étonnant de voir le pouvoir qu'un livre procure à son auteur. Les gens considèrent les écrivains comme des experts, que le livre soit un livre électronique ou non. Rien qu'en travaillant dans le domaine que vous avez choisi, vous en savez incontestablement plus que les personnes qui viennent vous demander de l'aide. Par conséquent, vous êtes un spécialiste. Il est regrettable que tous les avocats figurant dans l'annuaire téléphonique se ressemblent pour un client potentiel. Si vous distribuez un livre électronique, les gens vous considéreront comme un spécialiste plus important que l'autre conseiller juridique, agent immobilier ou esthéticienne qui travaille directement à vos côtés. Ils peuvent être aussi maîtres que vous, mais les gens ne le verront pas de cette façon. En marketing, l'observation est essentielle. Au moment où vous écrivez un livre électronique, les gens seront obligés de vous enrôler, de vous retenir de revenir vers vous et de faire allusion à leurs compagnons.

2. La rédaction d'un livre électronique attirera de nouveaux clients. En affaires, vous êtes généralement en rivalité avec différents professionnels de votre domaine. Si vous êtes un agent immobilier, il peut y avoir des centaines, voire un grand nombre d'agents différents dans votre ville qui tentent tous d'attirer des clients similaires. Si vous avez écrit un eBook sur un point d'actualité immobilière, vous vous distinguerez des autres. Ifa client tente de choisir entre l'agent qui a écrit un livre et celui qui ne l'a pas écrit, ils choisiront celui qui a écrit le livre sans faute.

3. La rédaction d'un livre électronique peut vous aider à constituer une liste de clients. En vous séparant de votre livre électronique sur le web, vous recueillez les noms et les adresses électroniques de clients potentiels. Lorsqu'ils ont suivi votre liste de diffusion, vous pouvez continuer à les contacter. Vous pouvez leur envoyer des conseils s'identifiant à votre entreprise. Au moment où ils auront besoin de vos administrations, vous serez le premier qu'ils envisageront. C'est l'une des méthodes les plus abordables et les meilleures pour constituer et tenir à jour une liste de clients.

4. La rédaction d'un livre électronique peut vous aider à en tirer profit. Vous pouvez offrir le livre électronique pour en tirer de l'argent. Même si ce n'est peut-être pas le but essentiel de la rédaction du livre électronique, il n'y a pas d'explication pour ne pas le faire payer. L'inconvénient de se séparer de quelque chose pour rien est qu'il arrive parfois qu'un individu compare le coût avec l'estime. Ils peuvent choisir que votre livre soit bon à rien puisqu'il n'a rien coûté. Faire payer une somme insignifiante pour le livre peut en augmenter la valeur.

5. La rédaction d'un livre électronique peut élargir les possibilités d'affaires. Vous pouvez offrir le livre électronique comme une incitation gratuite lorsque les gens achètent votre produit ou se rendent dans votre administration. Si j'étais masseuse, je pourrais donner mon livre électronique gratuit sur les "Techniques de relaxation au quotidien" si le client poursuit un mois et demi de massages semaine après semaine.

6. La rédaction d'un livre électronique peut vous aider à progresser. Il suffit de considérer chaque fois qu'un poste s'ouvre dans votre entreprise. Il est fort probable que ce poste soit remis en question. À ce moment-là, le superviseur voit que vous avez écrit un livre sur un thème de votre domaine. Pour commencer, il est intrigué par le fait que vous avez écrit un livre. Ensuite, il voit que vous avez pris les devants et que vous faites des recherches supplémentaires dans une zone spécifique. Troisièmement, il voit

que vous êtes libre et que vous n'avez pas besoin de vous préoccuper d'une supervision régulière pour accomplir un travail. Pensez à qui va décrocher le poste ? Vous, évidemment.

Tout livre authentique fécond, y compris les livres numériques, a une structure fixe. Les utilisateurs apprécient les cartes simples à consulter pour les contrôler par le biais de votre livre. Ils aiment la cohérence. Il est troublant et amateur de changer de modèle tout au long du livre. Vous devez faire une mise en page pour structurer vos chapitres et ensuite remplir les espaces au fur et à mesure que vous travaillez sur votre livre. Les livres les plus fidèles à la réalité ont une structure fixe pour accueillir chaque chapitre. Utilisez des éléments de rappel dans chaque chapitre. Vos lecteurs aimeront savoir ce qui se passe dans chaque chapitre et vous récompenseront en parcourant votre livre du début à la fin. Votre cohérence, votre double thématique et votre engagement vous permettront de garder votre lecteur attentif jusqu'à la fin, car il est tout sauf difficile à consulter. Avant de commencer à écrire, vous devriez trier vos chapitres en vous aidant d'une liste de chapitres, d'un titre de chapitre, d'une brève déclaration, d'une présentation, d'une liste de points d'appui et d'un synopsis concis.

Sélection de votre sujet de vente

Choisissez un point pour lequel les gens sont avides d'informations et pour lequel vous avez de l'enthousiasme. Il est possible que vous connaissiez certainement une abondance de données sur ce thème ou sur celui que vous devez découvrir progressivement. Vous voulez aider les gens à se mettre en forme financièrement ? Vous pouvez consulter les plans les plus récents en matière d'argent, les plans d'évasion ou les plans d'intention potentiels pour vérifier s'ils fonctionnent. En tout état de cause, il faut répondre à 8 à 10 demandes de renseignements pour se mettre en forme financièrement. En rencontrant 10 à 15 personnes, vous aurez une enquête fascinante, des rencontres et des hommages à placer dans votre livre électronique arrangé pour vos réponses. Publiez-le sur le web et mettez-le à la disposition de la vague de personnes qui cherchent chaque mois des arrangements liés à l'argent.

Développez votre table des matières

Commencez par développer des thèmes pour votre table des matières. Par exemple, les 8 à 10 domaines importants énumérés dans mon livre électronique Marketing WOW ont commencé par cette liste de sujets :

-Donner un but à votre site

-Règles de conception pour définir votre site web

-Site web "A faire et à ne pas faire

-7 clés pour gagner une copie de vente de site web

-L' optimisation des moteurs de recherche rendue facile

-Stratégie de marketing "Free to Profit" TM

-Corriger ces erreurs et prospérer sur le site

La liste des sujets se transformera en liste de chapitres ou en table des matières.

Séparation de chaque sujet de chapitre en une liste de questions La stratégie la plus simple consiste à prendre chaque sujet de chapitre et à en dresser une liste qui répond aux besoins de votre public. D'autre part, si vous disposez d'une abondance de données, vous devez essentiellement énumérer 5 à 8 pour étayer le sujet de votre chapitre. Un conseil d'association décent est de les incorporer comme notes de chapitre directement avant la présentation.

Ainsi, votre public aura un aperçu de ce qui est couvert dans chaque chapitre. De même, lorsque vous écrivez, vous aurez une règle raisonnable quant à ce que vous devez écrire immédiatement. Le chapitre consacré à la création d'un site web avec le livre électronique Marketing WOW a été développé de cette manière :

Chapitre trois : Stellaire

Web Copy vend votre copie Web pour vendre votre service/produit Wow Website Notes :

o Donnez un thème à votre copie

o Capter l'intérêt grâce aux titres o Identifier et personnaliser les avantages

o Aider les visiteurs à visualiser o Donner un coup de poing à vos mots o Ajouter des appareils d'engagement o Préparez le site web

o Aidez votre site à passer l'inspection avec vos visiteurs

Si vous avez des questions concernant des demandes de renseignements pour soutenir les thèmes de votre chapitre, visitez les réunions d'échange et les groupes de soutien dans votre marché.

S'engager à une rédaction régulière

Vous avez commencé. C'est incroyable. Actuellement, il s'agit de se concentrer sur un calendrier d'écriture habituel de 30 à 60 minutes. Pour prendre de la force, fixez-vous comme objectif de répondre en tout cas à 3 demandes de renseignements par jour de votre livre. Vous serez peut-être étonné de découvrir à quelle vitesse vous pouvez réaliser votre livre et le mettre sur le marché pour en tirer profit.

Évitez ce casse-vitesse

De nombreux écrivains et professionnels du monde des affaires sont perfectionnistes, dont moi. Cependant, pour rester fort et finir rapidement votre livre, vous devez éviter de le modifier et de le surcharger. Une fois le livre sorti de votre tête pour être mis sur papier, utilisez une de vos séances d'écriture habituelles pour modifier vous-même votre livre. Votre duplicata vous incitera et sans aucun doute, au cas où vous n'utiliseriez pas la stratégie "stop and start" pour la modification. Essayez de ne plus rester les bras croisés. Complétez votre livre numérique et le passé virtuose de chacune des personnes qui font des miracles dans le cas où cela tend à se faire et les bourreaux de fantaisie qui vous révèlent que ce n'est pas possible. Réalisez les normes ci-dessus, arrangez votre livre et faites-le écrire plus vite que vous ne l'aviez imaginé.

BLOGUE D'INVITÉS

Découvrez les blogs que vos clients potentiels parcourent et demandez à des invités de les afficher.

Comme vous le savez sans doute, il existe un grand nombre de méthodes pour faire du trafic et des affaires en ligne. Quoi qu'il en soit, l'une des méthodes les plus sous-utilisées se trouve être le blogage d'invités, où vous écrivez un billet d'invité sur un autre blog dans votre spécialité et en retour vous obtenez une introduction à votre propre site. Il est évident que vous et le propriétaire d'un blog consentirez à ce genre d'action, qui est généralement utile. Vos résultats dépendent de la qualité de votre billet d'invité, tout comme de votre sujet et de la nature générale des internautes qui consultent le blog en question.

Essayez de ne pas commencer à bloguer des invités, sauf si vous avez des objectifs explicites en tête de liste des priorités. Qu'essayez-vous précisément de réaliser avec les blogs d'invités ? Obtenir plus de trafic sur votre site web ? Qu'en est-il des autres utilisateurs de blogs ? Publicité gratuite ? Regardez les blogs qui sont dans votre spécialité et lisez leurs anciens articles. Cela vous permettra de réfléchir raisonnablement au type d'objectif que vous devriez avoir et à ce à quoi vous accordez précisément une attention particulière. Il est important que vous ne fassiez pas un autre pas avant d'avoir reconnu ce dont vous avez besoin. Votre propre blog devrait dire à l'autre propriétaire de blog tout ce que la personne en question doit penser de ce qui vous attend en tant que blogueur invité. À la fin de la journée, donnez l'URL de votre blog dans le but que le propriétaire du blog se rende compte de votre style d'écriture, de vos inclinations, de la manière dont vous présentez vos pensées, etc. Il devient de plus en plus simple de faire approuver un blog d'invité lorsque vous avez un blog élégamment composé qui contient le type de messages que vous devez écrire. Si vous n'avez pas votre propre blog, vous pouvez vous contenter de donner une référence à un autre blog où vous avez publié, mais votre propre blog vous emmènera beaucoup plus loin.

Veillez à communiquer aux propriétaires de blogs les expériences que vous venez de vivre en tant que blogueur invité. Vos anciens messages d'invités sont confiés à des actifs et s'ils sont apparus sur des blogs de rumeurs, cela ne fait qu'accroître votre crédibilité et vous permet de vous faire approuver beaucoup plus facilement. Puisque vous cherchez à obtenir de la publicité gratuite pour votre site et à faire diffuser votre article sur un autre blog, le fait d'avoir une sorte de validité augmente vos chances, ce qui vous aide à tirer le meilleur parti de vos efforts.

Il n'existe pratiquement aucune méthode de collaboration en ligne qui fonctionne comme les blogs d'invités où vous pouvez voir les résultats passer directement à l'étape suivante. Il est important que vous soyez prévisible dans vos efforts. Vous devrez peut-être vous frayer un chemin jusqu'aux blogs à fort trafic, mais des efforts fiables avec des blogs plus petits vous aideront à y arriver. Au moment où vous découvrez enfin un blog où les blogs d'invités vous satisfont vraiment bien, c'est là que vous devez centrer votre temps sur la construction d'une association avec son propriétaire. Après cela, vous n'aurez plus aucun problème à inclure les blogs d'invités dans vos efforts de marketing pour stimuler la circulation.

Le blogage d'invités est une méthode incroyable pour améliorer le marketing de vos articles. Le fait que les blogueurs accueillent différents blogueurs pour les distribuer sur leur blog existe depuis le début du blogage, mais cette pratique, qui se fait discrète dans une certaine mesure, est de plus en plus connue. Si vous êtes un rédacteur indépendant en ligne, vous recherchez continuellement des moyens d'augmenter le trafic sur votre blog et d'ajouter plus d'introduction à vos écrits afin d'attirer plus de clients. Le service de publication intermittente de blogs d'invités peut vous permettre de vous présenter à un autre public, de confirmer votre statut de maître et d'attirer un nouveau trafic sur votre blog. Les blogueurs constatant les résultats extraordinaires qu'ils peuvent tirer à la fois de la présence d'invités sur différents blogs et de l'animation de leurs blogs, ils participent de plus en plus à la formation.

Je dois partager cinq conseils de base pour commencer en tant que blogueur invité :

1. Choisir les bons blogs Votre objectif en tant que blogueur invité est de trouver un autre public pour vos écrits, d'obtenir une présentation plus complète et d'attirer un trafic intense vers votre blog. De cette façon, il est logique de choisir des blogs qui attirent l'attention sur des slogans comme le vôtre, au sein d'une industrie similaire et d'une bonne spécialité comparable, ainsi que d'une statistique d'audience comparable. Choisissez des blogs mieux établis et mieux positionnés que les vôtres pour obtenir le meilleur résultat de votre temps, mais ne négligez pas les meilleurs blogs de leur catégorie, qui sont de plus en plus suivis. Investissez l'énergie nécessaire pour visiter normalement les blogs de votre spécialité sur lesquels vous pourriez souhaiter poster des articles. Prenez note de leurs caractéristiques, pratiques et inclinations. Prenez des notes et souvenez-vous de ces questions lorsque vous rédigez votre message, afin de ne pas faire de faux pas et d'éviter d'offenser votre hôte ou de vous humilier.

2. Contacter le créateur Composez un courriel de base au propriétaire du blog pour lui préciser que vous lui proposez de faire un billet de blog invité. S'il s'agit de votre premier contact avec ce blogueur, clarifiez rapidement le sujet de votre blog et intégrez une connexion. Dites au blogueur ce que vous aimez de son blog, comment votre écriture s'intégrera dans son style et son sujet de blog et comment votre contenu augmentera la valeur de son audience.

2. Mise en place d'un plan raisonnable et communément utile La publication d'un blog invité est une solution gagnante pour le blogueur invité et le blogueur hôte. Le

blogueur invité est présenté à un nouveau public, le trafic sur son blog est agréablement augmenté et la connexion profondément pertinente lui permet d'obtenir un positionnement de plus en plus important sur le web.

3. L'hébergeur du blog gagne parce qu'il obtient un contenu frais et pertinent qui apporte quelque chose de nouveau à son lectorat, et lui permet de gagner un peu de temps pour faire autre chose. Mais les lecteurs du blog en profitent également car ils sont exposés à un nouvel auteur et à un regard différent sur le sujet. Veillez à préciser les conditions de l'accord afin que les deux parties soient claires sur des points tels que le nombre approximatif de mots de l'article, la date de publication, le nombre et les types et l'emplacement des liens, la propriété du contenu, etc.

4. Trouver le bon contenu pour le blog Référez-vous aux notes que vous avez prises lorsque vous avez choisi des blogs pour les inviter et écrivez du point de vue d'une personne qui connaît bien le public. Lisez les messages récents pour avoir des idées pour compléter l'approche du blogueur sur le sujet. Demandez à l'hébergeur du blog s'il y a un sujet particulier qu'il aimerait que vous couvriez. Veillez à toujours présenter votre meilleur travail lorsque vous êtes invité à poster. Faites vos recherches, mettez le courrier en forme avec soin et demandez à quelqu'un de le relire pour vous avant de le soumettre. 5. L'importance du suivi Après la publication de votre message, n'oubliez pas de vérifier et de répondre aux commentaires. C'est une excellente occasion de nouer une véritable relation avec un autre blogueur et ses lecteurs, alors ne négligez pas cette partie importante de l'arrangement. Allez-y et commencez à bloguer les invités. C'est un excellent moyen d'élargir votre portée en tant que pigiste, de créer des relations et d'obtenir un nouveau trafic ciblé pour votre blog.

Si vous espérez avoir des blogueurs invités, c'est une excellente méthode pour ajouter des perspectives nettes à votre blog et donner à vos lecteurs une touche d'assortiment.

Les blogs ont attiré l'attention du monde entier car ils constituent une excellente méthode pour faire passer les idées sur des réseaux plus importants et pour développer les capacités d'une entreprise en ligne. Il existe plusieurs façons de bloguer et l'une de ces stratégies est appelée "guest blogging". Que vous soyez un particulier ou une grande entreprise, les blogs d'invités vous profiteront de plusieurs façons. Une partie de celles-ci sont expliquées ci-dessous

1. Les blogs d'invités génèrent un trafic supplémentaire sur votre site web. Il ne s'agit pas seulement d'un trafic quelconque, mais plutôt d'un trafic de qualité. Le potentiel de votre site web augmente ainsi considérablement et vous permet d'obtenir un meilleur salaire sur le long terme. En effet, la plupart des grands sites web prestigieux vont dans ce sens.

2. En général, les index du Web attribuent une note plus élevée à votre blog lorsque vous utilisez les blogs d'invités. À vrai dire, cette stratégie n'implique aucune méthode de référencement supplémentaire. C'est, en soi, une excellente stratégie de référencement.

3. Votre influence en ligne augmente avec les blogs. Vos postes seront en général plus crédibles et vous laisserez en général une plus grande empreinte dans la vie des gens. Votre autorité en ligne augmente. Bien qu'elle puisse nécessiter un certain investissement pour être crédible et faire autorité, elle est très efficace à long terme.

4. Un autre avantage de ce marketing est que vos capacités d'écriture s'améliorent avec le temps. Votre âme continue de couler et vous vous améliorez en tant que blogueur invité.

5. L'introduction de la marque et la prise de conscience vont de pair avec ce type de marketing. Il y a quelques personnes qui reçoivent plus de 1000 visiteurs uniques par

jour sur leur site, juste à partir de leur blog d'invités. C'est certainement une récompense spéciale puisque les gens se souviendront en général du nom de votre site web même s'ils le consultent une fois. De plus, ces personnes feront passer le message si elles trouvent du matériel fiable et fascinant sur votre site.

6. La mémorisation de nouveaux contenus et de nouvelles connexions pour votre site est portée à la connaissance d'un plus grand nombre de personnes lorsque vous utilisez les blogs d'invités. C'est une excellente méthode pour constituer votre base de supporters, car un nombre toujours croissant de personnes auront besoin de découvrir les nouveaux contenus qui sont inclus au jour le jour.

7. Vous découvrirez ce que les autres vous considèrent lorsque vous utilisez le blog d'un invité. C'est une excellente méthode pour avoir une idée de l'impression que vous avez faite sur le monde en ligne.

8. De même, les blogs d'invités vous permettent de construire votre profil de vie sur Internet. Avant même de vous en rendre compte, vous aurez la possibilité d'obtenir un grand nombre d'adeptes via des réseaux de communication en ligne comme Twitter, ce qui vous aidera sur le long terme.

La meilleure partie du blogage d'un invité est qu'avec le potentiel vient une méthode discrète pour augmenter votre trafic web sans être excessivement évident. Vous avez la possibilité de créer et de construire une association décente avec d'autres personnes et vous obtenez également plus de trafic et d'approbations. Plus vous avez d'adhérents, mieux c'est pour vous sur le long terme.

Votre contenu original est essentiel à votre prospérité en tant que propriétaire d'entreprise. Un contenu nouveau, remarquable et original est un must pour vous et vos adhérents en ligne s'attendront généralement à ce que vous leur accordiez la même exclusivité chaque fois que vous proposerez un nouveau contenu.

Maintenir le rythme

En principe, ce serait parfait si vous pouviez procéder à la rédaction et à la mise en ligne d'un contenu original qui incite à la réflexion à chaque fois. Cependant, que faire si vous êtes confronté à la place de l'écrivain à l'improviste ou si quelque chose d'autre bloque votre flux créatif ? Croyez-le ou non, il existe différentes options qui peuvent être exploitées. L'une de ces options pour maintenir le rythme de publication de votre contenu consiste à utiliser les blogueurs invités de façon discontinue. Bien sûr, cela n'implique pas que vous devez utiliser les blogueurs invités au point d'écrire vous-même. Vous devriez utiliser les blogs d'invités de manière séparée et votre méthodologie devrait être vitale et très bien organisée. L'utilisation des blogs d'invités présente de nombreux avantages. Lorsqu'ils sont bien faits, les blogs d'invités vont boucher votre image et ce contenu sera un outil efficace pour commencer à établir des relations productives, efficaces et utiles avec d'autres personnes. Vous établirez des connexions partout et ces connexions seront importantes. Il est généralement admis qu'il y aura des moments où tout individu qui écrit des blogs finira par se heurter à une sorte de détour. En tant qu'écrivain, même si la plupart des mots que vous prononcez arrivent au bon moment, il peut arriver que vous faiblissiez (même si ce n'est qu'un tout petit peu).

Votre public cible est essentiel et très intégré à la prospérité de votre entreprise. En tant que chef d'entreprise, vous avez le devoir de leur donner ce dont ils ont besoin et ce dont ils ont besoin. Il est évident que vous devez être prudent dans le choix des blogs d'invités à publier et de ceux que vous choisissez de ne pas publier (sans doute pour diverses raisons). La vérité, c'est que vous êtes incroyablement méticuleux quant au contenu que vous écrivez et partagez. Pour quelle raison serait-il souhaitable que vous soyez moins exigeant en ce qui concerne les blogs d'invités ? Tout bien considéré, c'est encore votre notoriété d'expert qui est en suspens. En règle générale, les blogueurs invités apportent avec eux un ensemble de connexions en ligne totalement différent. Plus de connexions implique de plus en plus de trafic pour vous. Avec le nouvel ensemble de connexions en ligne, vous avez la possibilité pour ces personnes d'éduquer leurs connexions en ligne concernant votre site web et votre contenu. Avant que vous ne vous en rendiez compte, votre notoriété a peut-être connu un développement exponentiel. Il est évident que l'augmentation du nombre d'adhésions s'accompagne d'une plus grande validité. Il vous reste vraiment à augmenter un bon arrangement pour votre entreprise lorsque vous choisissez de prendre des blogueurs invités. Les gens sont pour la plupart des animaux à propension et ils aiment vraiment avoir la possibilité de compter sur des horaires. Bien que, comme cela a été dit précédemment, vous deviez faire attention au pourcentage de blogs d'invités par rapport aux blogs originaux que vous publiez chaque semaine, la cohérence des types de messages est très impérative. Vos connexions en ligne en viendront à compter sur l'observation de ces blogs à un jour, une heure et ainsi de suite. Donnez-leur ce dont ils ont besoin. Il est très important que votre public cible sache qui sont vos blogueurs invités et d'où ils viennent. Sinon, ils n'auront pas la possibilité de créer une association enthousiaste et sans cette association, la relation n'aura pas la possibilité de se concrétiser. L'une des stratégies efficaces pour y parvenir consiste à montrer des mémoires fascinantes et complètes à vos blogueurs invités.

En ce qui concerne l'utilisation de blogueurs invités dans le cadre de votre coffre-fort de contenu, vous devriez considérer les blogueurs invités et le contenu qui met à jour votre contenu original. En offrant un assortiment de blogs élégamment composés sur des sujets intéressants et significatifs, vous satisferez sans aucun doute votre public cible qui, en même temps, aura besoin d'attendre pour en obtenir d'autres. Bien entendu, cela signifie également que vous renforcez votre réputation en même temps. Vous pourrez également observer le déploiement d'ouvertures qui n'étaient pas disponibles pour vous et votre entreprise auparavant. Vous vous engagez à continuer à donner à votre public cible ce dont il a besoin. Tout le monde est gagnant dans ces circonstances.

RÉSEAU EN LIGNE ET HORS LIGNE

La loi de Metcalfe exprime que la puissance économique d'une entreprise est le carré du nombre dans son réseau. Ce n'est pas seulement la façon dont vous pouvez rassembler de nouveaux clients, mais cela clarifie également la façon dont la richesse est faite. Par exemple, si vous avez une équipe de 4 partenaires, votre puissance économique est de 16. Si vous doublez votre réseau à 8 personnes ou entreprises, votre puissance économique est de 64. Comme cela devrait être évident rien qu'avec ce modèle simple, la création et le maintien d'un ou plusieurs réseaux auront un effet très important et positif sur votre prospérité.

Je vais vous expliquer pourquoi il est si indispensable de créer un réseau autour de vous et de votre entreprise, et comment le faire efficacement. Comme le montre notre premier cas d'application de la loi Metcalfe, il suffit de multiplier le nombre de personnes ou d'entreprises avec lesquelles vous partagez des intérêts réguliers pour quadrupler l'efficacité de ce réseau. C'est une idée très énergisante à envisager, dirait-on que ce n'est pas le cas ?

Qu'est-ce qu'un réseau ?

C'est une enquête indéniable, certainement. Dans sa structure la plus essentielle, et pour cet article, un réseau est un rassemblement de personnes qui sont liées entre elles en raison d'une intrigue ou d'un objectif typique. Ils partagent une intrigue ou une compréhension commune tout comme un regard partagé. Dans cette optique, le réseau peut et recherche fréquemment des moyens d'aider chacun de ses membres à améliorer ses conditions de vie. C'est vraiment un besoin humain très essentiel.

Pourquoi créer des réseaux ?

Outre notre modèle économique ci-dessus, il existe de nombreuses justifications valables pour développer et soutenir activement un réseau, ou même différents réseaux. D'une part, vous communiquerez avec des personnes ayant un investissement similaire. Cela a l'avantage indéniable de vous donner des chances de vendre vos produits et vos administrations tout comme de trouver des actifs de confiance. Le fait d'être en contact avec des personnes ayant le même type d'investissement ouvre en outre votre esprit, produit de nouvelles pensées et vous donne une sensation d'énergie.

En vous mettant en réseau avec d'autres, vous construisez un piège de confiance. Vous devenez une partie de confiance et avez accès à d'autres personnes de confiance. Cela vous donne une validité à la fois à l'intérieur et à l'extérieur du réseau. Les gens achètent et travaillent avec ceux en qui ils ont confiance.

Instructions étape par étape pour construire un réseau en ligne

nous examinerons les deux vastes domaines de la mise en réseau, en ligne et déconnectée. Dans le monde des affaires actuel, il est important de construire les deux. En règle générale, à vrai dire, vous aurez une décision minimale, car ces deux types de réseaux apparemment dissemblables sont devenus interconnectés. En ce qui concerne les réseaux en ligne, les principaux éléments qui nous interpellent sont Facebook et LinkedIn. Il existe évidemment de nombreux autres sites de communication interpersonnelle à long terme, par exemple Twitter, FourSquare, Pinterest et même YouTube. Pourtant, de tous les sites de mise en réseau, Facebook et LinkedIn sont ceux qui offrent les possibilités les plus puissantes et les plus réelles. Ils offrent chacun un cadre de création de profil détaillé pour les entreprises et la possibilité de partager des informations et de s'associer à des groupes dans le cadre du site social. La communication de personne à personne en ligne est fondamentale, non seulement pour votre capacité à établir des relations, mais aussi pour le trafic des chercheurs sur Internet et le marketing en ligne. La communication de personne à personne est un moyen très efficace pour les hommes d'affaires de partager des informations et des renseignements. Les connexions et les contenus de valeur peuvent être acheminés par un réseau virtuel en ligne à des vitesses étonnantes et pratiquement rapides. De plus, grâce à la puissance des PC, des tablettes et des téléphones mobiles avancés, ces réseaux peuvent être contrôlés sans effort et avec efficacité. En ce qui concerne la façon de les construire, c'est très simple. Vous pouvez transférer vos listes de contacts électroniques et les cadres vous parleront avec des personnes que vous connaissez et des personnes qu'ils connaissent. Vous pouvez rechercher des compagnons, des relations familiales et professionnelles très rapidement et vous pouvez toujours échanger des contacts de vie en ligne avec ceux que vous trouvez face à face. Vous serez étonné de la rapidité et de l'ampleur avec lesquelles un réseau peut se développer. Il est évident que cela ne se transforme pas toujours rapidement en puissance économique. Ce créateur estime que la loi de Metcalfe n'a pas d'incidence significative sur la vie virtuelle en réseau. Cela signifie-t-il que cela ne vaut pas la peine de le faire ? Pas du tout, c'est juste que l'impact multiplicatif est beaucoup plus faible. Y a-t-il une recette soignée ? C'est difficile à dire. En tout cas, il est presque garanti que pour obtenir une puissance économique de 64, comme dans notre modèle d'ouverture, il faudrait plus de 64 compagnons ou fans de Facebook. Il faudrait peut-être 640. Bien que cela puisse sembler accablant, vous serez stupéfait de la rapidité avec laquelle vous pouvez obtenir 640 contacts FB ou LinkedIn.

Comment construire un réseau hors ligne

C'est là que la loi de Metcalfe entre vraiment en jeu. La meilleure forme de réseau est celle qui se construit en face à face. C'est là que se créent la confiance, la camaraderie et le pouvoir réels. C'est pourquoi les salariés adhèrent à un syndicat ou les entrepreneurs à des associations. La meilleure façon de construire un réseau solide de cette façon est de trouver au moins une association locale ou un chapitre local d'une association nationale qui est directement liée à vous et à ce que vous faites. Un groupe de niche est un excellent endroit pour commencer à établir des relations. Vous n'avez peut-être pas autant d'opportunités de vente ici, mais au moins vous nouerez des amitiés et des relations d'affaires solides et durables qui porteront leurs fruits d'une manière ou d'une autre. L'étape suivante consiste à rejoindre un groupe de mixage de réseaux d'entreprises. Il s'agit d'une organisation composée d'entrepreneurs et de petits entrepreneurs de tous les genres d'affaires. C'est l'occasion de rencontrer de nouveaux visages et de nouer des contacts qui peuvent devenir des clients. Bien entendu, tous les membres de ces groupes essaient de faire de même, alors préparez-vous à être les destinataires du discours de vente. Enfin, il existe de nombreuses formes de mise en réseau dans le "monde réel". Chacun aura sa propre dynamique et une façon d'en tirer profit. Certains des meilleurs sont des groupes qui se forment autour d'un objectif central. Bien que les membres puissent appartenir à des catégories d'entreprises différentes, ils se réunissent tous pour une seule et même raison. Peut-être un séminaire ou un programme éducatif ou pour partager des expériences similaires. Elles sont formidables car elles favorisent un plus grand esprit de coopération qu'un simple événement de réseautage social dans un restaurant, par exemple. N'oubliez pas que ces possibilités de mise en réseau hors ligne sont également des lieux privilégiés pour se relier en ligne. Ici aussi, vous vous faites beaucoup d'amis sur Facebook et LinkedIn. Vous trouverez probablement aussi un grand nombre de personnes à suivre sur Twitter, ainsi que des adeptes de votre propre compte Twitter, le cas échéant.

Voici une courte liste des choses à faire et à ne pas faire lors de la mise en réseau, en ligne et hors ligne :

FAITES - Faites de vous un atout important. Lorsque vous vous présentez en ligne ou lors d'une réunion, faites-le de manière simple et sans prétention. Laissez les gens autour de vous se rendre compte que vous avez une remarque et que vous êtes heureux de la partager à leur avantage.

NE PAS - Être un représentant des ventes cohérent. Si votre seul objectif est de vendre vos produits, vos avantages, votre entreprise ou vous-même, vous dissuaderez les gens et ils n'auront aucun désir de se connecter avec vous. Personne ne préfère un vendeur arrogant. Même les représentants commerciaux les plus exigeants.

FAIRE - Faire preuve d'enthousiasme pour les autres. Lorsque vous discutez avec eux, obtenez des informations à leur sujet. Devenez intrigués par ce qu'ils font. Vous serez surpris de ce que vous pouvez découvrir en écoutant et en posant des questions essentielles. Régulièrement, les gens vous révèlent ce dont ils ont besoin et vous demandent de répondre à ce besoin.

NE PAS - Soyez une grande bouche. Ceux qui se rendent à des réunions de réseautage et qui ont juste besoin de vous en parler à tous sont épuisants et irritants. En outre, lorsque vous collaborez en ligne, ne vous contentez pas de publier des mises à jour sur vous et sur ce que vous proposez. Distribuez des informations qui sont généralement intrigantes et précieuses. Il est possible d'avancer soi-même, mais il le fait dans 20 ou 30 % des cas.

vous pouvez constater qu'en construisant activement un réseau, vous pouvez à toutes fins utiles garantir votre propre prospérité. Les entrepreneurs et les personnes travaillant dans des entreprises privées qui ont constitué et entretiennent des réseaux sociaux et commerciaux solides et en pleine croissance n'auront jamais à se demander d'où vient le travail suivant ou s'ils auront la possibilité de se financer. En plus de garantir votre puissance économique, les réseaux peuvent également vous aider à faire face aux périodes de ralentissement économique.

Les propriétaires d'entreprises doivent apprendre à travailler en réseau. Il y a une mine d'or non pas dans les gens que vous connaissez, mais dans ceux qu'ils connaissent. On me pose toujours la question suivante : "Comment utiliser des sites comme LinkedIn pour gagner réellement des clients ? La mise en réseau en ligne ressemble beaucoup à la mise en réseau en personne. Lorsque vous entrez dans une salle bondée (site social), il est poli de vous présenter et de laisser les gens faire votre connaissance. En personne, c'est facile - ils peuvent voir à quoi vous ressemblez et ils ont la possibilité de vous parler et de bavarder avec vous - de poser des questions et d'obtenir des réponses. Dans le monde en ligne, une grande partie de cette tâche est accomplie en complétant votre profil - y compris une image et une biographie complète. De nombreux sites sociaux ont des endroits comme le Mur sur Facebook où vous pouvez poster des éléments (photos, vidéos, articles) qui aident les gens à savoir quel type de personne vous êtes ainsi que ce que vous faites pour vivre. Les sites sociaux ne sont pas un endroit où l'on peut présenter immédiatement ce que l'on vend. Laissez les gens savoir qui vous êtes - s'ils souhaitent mieux vous connaître ou s'ils s'intéressent à ce que vous vendez, ils vous approcheront. Il est important que vous ne soyez pas connu comme une personne insistante en ligne - vous n'arriverez à rien très rapidement.

Voici comment j'utilise LinkedIn et Facebook pour mes affaires.

Je recherche mon "client idéal" puis j'invite cette personne à rejoindre mon réseau de professionnels. Ensuite, je découvre qui ils cherchent à rencontrer et je leur présente une personne avec laquelle ils aimeraient établir un réseau professionnel ou personnel. Si vous donnez à suffisamment de personnes ce qu'elles veulent ou ce dont elles ont besoin, vous obtiendrez ce que vous voulez et ce dont vous avez besoin. La prochaine étape consiste à lancer une discussion (si possible) ou à envoyer un courriel. Engagez une conversation qui vise à en savoir plus sur vous. Trouvez un passe-temps intéressant, un lieu commun, un type de travail commun - tout ce qu'il faut pour engager une conversation. Ces éléments de conversation se retrouvent souvent dans leur profil complété. (La vôtre est-elle complète ?) J'ai même appelé des personnes locales que je rencontre en ligne à titre professionnel pour qu'elles se réunissent dans un café pour ce que j'appelle mon Team 100.

L'équipe 100 est une phrase que mon mentor en marketing m'a apprise. Il s'agit d'un réseau de 100 hommes d'affaires qui recherchent tous des références pour vous (et vous pour eux). C'est une équipe de vente qui vous connaît suffisamment bien pour être en mesure de localiser et de vous adresser votre client idéal. Si vous aviez une force de vente de 100 personnes, que pensez-vous qu'il se passerait dans votre entreprise ?

J'ai utilisé cette méthode pour trouver des "Power Partners" dans mon entreprise ainsi que pour obtenir des projets de conception web payants. En recherchant activement les personnes avec lesquelles vous souhaitez travailler, puis en leur donnant ce dont elles ont besoin ou ce qu'elles veulent et en apprenant à les connaître, votre entreprise connaîtra une croissance exponentielle. C'est une stratégie que j'ai utilisée avec beaucoup de succès tant en ligne qu'en personne au niveau local.

Un autre site web très utile est Twitter. Derrière les murs de Twitter se cachent des personnes qui ont amélioré mon entreprise : des rédacteurs, des experts en référencement, des photographes et des graphistes. Bien que j'aime utiliser les talents locaux quand c'est possible, c'est bien de savoir qu'il y a des alternatives. J'ai aussi trouvé de grands talents locaux sur Twitter.

Outils de marketing hors ligne

L'ensemble des outils de base nécessaires à la commercialisation hors ligne comprend

Publicité dans les journaux

. Publicité à la radio

Publicité télévisée

Brochures Dépliants

Mise en réseau lors d'événements

Outils de marketing en ligne

L'ensemble des outils de base nécessaires à la commercialisation hors ligne comprend

Marketing par courriel.

Les médias sociaux.

Blogging.

Sites web.

Si vous examinez ces deux formes différentes de marketing, vous remarquerez rapidement les différences en matière de coût, de temps de mise en place et d'influence.

Prenons l'exemple d'une annonce dans votre journal local :

Coût : 100,00

Temps de montage : 1 heure Public potentiel : quelques centaines de personnes

Regardons maintenant un site web.

Coût : 500 $/an

Délai de mise en place : 1 mois

Public potentiel : des millions de personnes

Comme vous pouvez facilement le constater, il existe des différences entre les approches. Mais il s'agit toujours de savoir quels sont vos objectifs ultimes. Si vous choisissez de vendre vos produits ou services localement, vous pouvez utiliser le marketing hors ligne car il aura probablement un meilleur retour sur investissement (ROI) que le marketing en ligne. Mais que se passerait-il si vous décidiez de les deux en même temps ? Vous pouvez toujours réutiliser votre contenu marketing. Voici trois grands exemples :

Un article que vous créez pour l'inclure dans votre journal local pourrait également être utilisé comme article sur votre site web ou votre blog.

Les mêmes personnes que vous pouvez rencontrer lors d'une session de réseautage pourraient éventuellement se retrouver sur Facebook ou Linkedin.

Les dépliants ou les lettres de vente que vous recevez normalement sous forme imprimée et envoyée par la poste pourraient être envoyés aux gens par le biais du marketing par courrier électronique.
Il suffit de regarder ces trois exemples de base (et il y en a d'autres) pour voir rapidement comment le marketing en ligne et le marketing hors ligne peuvent former un couple formidable. Dans la plupart des cas, il s'agit simplement de réorienter le contenu. La vraie question est donc de savoir si vous avez été uniquement un spécialiste du marketing hors ligne avant de voir les avantages de l'intégration du marketing en ligne dans votre stratégie de marketing.

Pour conclure, pensez à cet exemple concret. Le même texte publicitaire que celui que vous pouvez normalement publier dans le journal en tant qu'annonce peut avoir une durée de vie de quelques jours. La même copie utilisée en ligne comme un billet de blog pourrait avoir une durée de conservation de plusieurs mois. Et si vous examinez certains des exemples illustrant la réutilisation pratique du contenu d'un support à un autre, vous pouvez facilement voir comment vous pouvez y parvenir sans trop d'efforts supplémentaires de votre part. Pensez-y et agissez en conséquence !

OBTENIR LA PRESSE

À l'heure actuelle, le monde est devenu plus professionnel. Les entrées aux différents événements ou situations sont limitées et par conséquent, si un journaliste, qu'il travaille à temps plein ou à temps partiel, a besoin d'accéder à ces événements, il doit présenter une preuve qui lui permet d'être admis. Cette preuve est appelée carte de presse ou lettres de créance de presse qui accordent un certain nombre de privilèges spéciaux aux journalistes. Ces cartes peuvent être légalement reconnues ou simplement indiquer que la personne travaille en tant que journaliste. La plupart de ces cartes sont destinées à montrer aux organes de presse, à la police, aux pompiers ou aux organisateurs d'événements que la personne peut être légitimement autorisée à accéder à un ou plusieurs événements. Alors que la plupart des journalistes à plein temps reçoivent de leur organisation un laissez-passer de presse, les freelances peuvent avoir des difficultés à obtenir un laissez-passer.

Les droits spéciaux varient en fonction du type d'organisation qu'un individu sollicite pour obtenir une carte de presse. Par exemple, les lois sur la presse peuvent varier d'un pays à l'autre et si une organisation peut fournir une carte de presse locale, d'autres peuvent fournir des cartes de presse mondiales. Dans le même temps, la plupart de ces cartes de presse permettent également de bénéficier d'avantages financiers, tels que des réductions auprès de différentes sociétés ou entreprises, car de nombreuses organisations proposent des offres spéciales aux journalistes.

Comment obtenir une carte de presse ?

Si vous souhaitez obtenir une carte de presse et une carte d'identité, commencez par rechercher les organisations qui peuvent proposer des cartes de presse. En général, il existe plusieurs organisations locales et internationales qui offrent des cartes de presse aux journalistes indépendants et aux journalistes à plein temps. La plupart d'entre eux exigent le paiement d'un montant particulier pour obtenir des droits et des privilèges spéciaux dans le monde entier. Sélectionnez une organisation en fonction de ses qualifications et du type de droits qu'elle offre.

Une fois que vous avez choisi une organisation, assurez-vous que les justificatifs sont préparés, y compris les documents et les pièces d'identité. Contactez le bureau de presse au préalable et renseignez-vous sur les modalités d'obtention des cartes de presse pour le ou les événement(s). En conséquence, ils fourniront un laissez-passer.

N'oubliez pas que même après avoir reçu un laissez-passer, certains événements nécessitent des badges spéciaux réalisés pour les journalistes. Donc, si vous prévoyez de vous rendre à un événement, demandez à l'organisateur si vous avez besoin d'un badge spécial. Montrez votre carte de presse et faites-vous faire un badge. Conservez-le et utilisez-le pour un événement.

Ces badges sont conservés car ils servent de références futures pour un journaliste, indiquant que la personne a couvert cet événement. Il convient de noter que l'obtention d'une carte de presse présente plusieurs avantages lorsqu'il s'agit de salons professionnels, de rassemblements communautaires et même de conférences d'affaires, d'événements ouverts et fermés. Si vous cherchez à couvrir un sujet politique ou strictement commercial ou industriel, assurez-vous d'obtenir des cartes de presse faites dans ce but

Dans le monde des affaires, tout le monde, et quand je dis tout le monde, je veux dire les propriétaires et les gestionnaires, cherchent de bons moyens de faire passer le mot sur leurs produits et leurs administrations. Faites passer le mot, mais faites-le à un coût aussi modique que possible compte tenu des circonstances. Aujourd'hui, un timbre cinq étoiles ne coûte pas exactement un demi-dollar. On peut s'attendre à ce qu'un grand nombre de clients potentiels arrivent pour aussi peu que quelques pièces de monnaie. Si vous ajoutez à cela le fait que le courrier électronique est actuellement gratuit, cela ne vous coûtera pas tant que ça, mais seulement une partie de votre temps. C'est le pouvoir, c'est un communiqué de presse. Un communiqué de presse est un article informatif que vous rédigez sur votre entreprise, vos produits, vos administrations, etc. que votre journal local, ou même des sources d'information importantes, donnent à leurs lecteurs et à leurs observateurs comme une source d'information de bonne réputation. Ils travaillent dans cette conception. Vous créez un communiqué de presse sur la nouvelle offre de gadgets de votre entreprise. On y parle de leur importance, du montant qu'ils peuvent supporter pour l'ensemble de la population, etc. Vous l'envoyez alors par courrier ou par e-mail au rédacteur en chef de votre journal local et vous observez qu'il est bien distribué ? Faux ! Tout d'abord.

Donne une chance à la meilleure structure possible d'une presse de se faire connaître, à ce stade nous parlerons de la façon de la faire distribuer. Un communiqué de presse décent, et qui est destiné à être diffusé, compte environ 500 mots, divisés par 1,5 à 2 pour faciliter la lecture, et évidemment sous forme de nouvelles. Qu'est-ce que le format d'information ? Lisez tous les articles du présent document, c'est-à-dire les articles d'actualité. Les rédacteurs en chef, en particulier les directeurs de journaux, aspirent chaque jour à des nouvelles. Si votre communiqué de presse est rédigé dans un format qui semble être celui des actualités et que vous apprenez à vos lecteurs, il y a de fortes chances qu'ils l'utilisent. Ils, les rédacteurs en chef, recherchent des informations, et vous voilà, vous êtes une personne décente, et vous les leur offrez gratuitement, enfin, fondamentalement gratuitement. Lorsque vous avez rédigé votre communiqué de presse, l'étape suivante consiste à savoir où l'envoyer. Cela n'a aucun sens de rédiger le communiqué de presse au cas où vous l'enverriez à une personne inappropriée. Par exemple, si vous vendez un steak ou une sorte de produit à base de viande, serait-il judicieux de l'envoyer au rédacteur en chef d'un magazine végétarien ? Il est évident que non. Si vous rédigez un communiqué de presse qui est adapté au sport, envoyez-le à l'éditeur des jeux. En outre, ne tentez pas de tromper les éditeurs avec une méthode lisse pour dire : "admirablement, si vous organisez ma sortie, je vais peut-être acheter un espace de promotion plus tard". Les rédacteurs en chef sont des gens très enthousiastes et, ce faisant, vous les offensez. Ils le parcourent directement et jettent votre communiqué de presse à la poubelle. Il suffit de leur envoyer le communiqué de presse, et s'il est composé avec élégance et s'il est susceptible d'informer leurs lecteurs, ils l'imprimeront. Un de mes compagnons était le dirigeant d'une association locale de base-ball pour les jeunes. Alors que d'autres groupes locaux dépensaient des sommes considérables pour des espaces de promotion, il leur envoyait des communiqués de presse sur la classe, les résultats des enfants, etc. Je ne pense pas que sept jours se soient écoulés sans qu'ils ne soient publiés dans le journal local, en tout cas pas une seule fois. L'association qu'il dirigeait est passée de 4 à 8 équipes en quelques saisons seulement, et avait la possibilité de le faire avec beaucoup de presse libre. Lorsque vous découvrez à qui il doit être envoyé, envoyez-le leur dans le format qu'ils souhaitent. Tous les rédacteurs en chef n'apprécient pas de recevoir les communiqués de presse par courrier électronique. Nombreux sont ceux qui aiment le recevoir sous forme écrite. Vous devez contacter l'endroit où vous l'envoyez et découvrir ce qui leur plaît. Je vous propose de commencer localement avec vos anciens journaux de quartier. Voyez le genre de réaction que vous obtenez. Il se peut que vous deviez le modifier pour qu'il corresponde exactement à ce qu'ils recherchent. Essayez de ne pas vous décourager si vous l'envoyez le lundi et qu'il n'est pas dans les journaux du mardi. Parfois, il faut quelques jours au rédacteur en chef pour l'imprimer. De plus, n'appelez pas le rédacteur en chef tous les jours pour savoir ce qui s'est passé. Si vous devez faire un appel ultérieur pour vous assurer qu'ils l'ont bien reçu, c'est très bien, mais rappelez-vous que les rédacteurs en chef sont pris par des tentatives d'impression de nouvelles et n'ont vraiment pas le temps de vous parler au téléphone 8 fois par semaine. C'est le pouvoir des bons communiqués de presse. Rédigé dans le bon format, envoyé à la personne opportune, vous pouvez arriver à un grand nombre de personnes sur une semaine après semaine et mois après mois raison à toutes fins utiles rien.

Avez-vous déjà vu comment le nom de certaines personnes apparaît toujours dans les magazines et les articles de journaux qui les citent comme une source d'informations et de conseils sans autre sujet particulier, qu'il s'agisse de l'utilité et de la conception du web, d'une procédure médicale réparatrice ou d'une banque d'investissement ? Ils n'arrivent pas simplement par hasard. Ils, ou leur société de relations publiques, ont fait un effort tout à fait coordonné pour devenir un expert dans leur domaine. De plus, voici comment vous pouvez le devenir vous aussi...

1. La première étape consiste à caractériser votre spécialité. Ne choisissez pas simplement l'ensemble de votre industrie. Choisir un domaine particulier qui a une importance pour la vie des gens (ou leur argent !) signifie que vous vous adresserez en plus à un journaliste ou à un rédacteur en chef. Par exemple, si vous êtes un mentor de vie, choisir un domaine d'accompagnement (aider les gens à trouver un nouveau poste) sera plus efficace que d'essayer de vous ériger en expert dans tous les domaines. De la même manière, si vous gérez l'investissement de l'argent des gens, parler d'investir pour l'éducation et la formation continue de vos enfants vous apportera de meilleurs résultats car des circonstances et des articles spécifiques vous feront entrer dans l'esprit des journalistes.

2. Faites rédiger votre communiqué de presse - votre identité et vos actions doivent être résumées de manière claire et sans équivoque. Si vous ne pouvez pas vous occuper de la rédaction d'un communiqué de presse, contactez un rédacteur ou prenez contact avec moi pour obtenir des informations sur mon service de rédaction de communiqués

de presse. Assurez-vous que le premier passage soit énergique et attire l'attention, car le même nombre de journalistes sont déraisonnablement pressés par le temps pour le lire.

3. Distinguez vos distributions cibles. Cela peut impliquer une recherche sur ce que vos clients potentiels lisent, regardent et regardent en ligne. Ne vous laissez pas distraire par l'idée de vous lancer dans des brillances impeccables ou des distributions d'acheteurs énormes si vos clients sont forcément influencés par quelque chose qu'ils lisent dans la presse d'échange. Intérêt principal.

4. Triez votre communiqué de presse (ou demandez-moi de le faire pour vous !) et envoyez-le, accompagné de votre conseil du mois/de la semaine sur les investissements, les réflexions sur vos dents, l'acquisition de nouveaux clients ou toute autre spécialité. Les experts doivent être capables de mettre en pratique les idées et les idées gênantes dans un langage simple. Gardez donc les conseils pratiques et faciles à lire. Lorsque vous envoyez un courriel à un journaliste, conservez-le dans le corps du message, pas de connexions, pas d'images ou de logos extravagants.

5. Inscrivez une date dans votre journal pour en envoyer un autre chaque mois/semaine. N'oubliez pas d'intégrer votre communiqué de presse simultanément.

6. Assurez-vous d'avoir vos éléments supplémentaires (photo, compte, logo) prêts à être utilisés de manière cohérente chaque fois qu'un journaliste en fait la demande.

7. Donnez à la presse un nombre important de personnes, potentiellement même votre téléphone portable, où il leur sera facile de vous joindre sans avoir à explorer les standards téléphoniques ou les assistants.

8. N'oubliez pas la radio. Même si vous pensez que vous n'allez probablement pas atteindre un grand nombre de vos clients potentiels en participant à une émission particulière (et vous pouvez généralement le faire de chez vous ou du bureau si le temps est un problème), il est bon d'avoir la possibilité de déclarer "tel qu'entendu"... et c'est une excellente pratique médiatique pour vous. Enfin, même si vos clients n'écoutent peut-être pas, les contacts potentiels de la presse le font régulièrement !

9. Annoncez le fait que vous êtes disponible pour des commentaires et des articles dans les médias, quel que soit le nombre d'endroits où ils se trouvent - sur votre site web, sur votre carte de visite, dans votre signature de courriel - et utilisez vos conseils pour créer un portfolio (à la fois en ligne et dans une enveloppe décente et incontrôlable !) afin de renforcer votre réputation d'expert.

Les communiqués de presse sont un excellent moyen d'obtenir de la publicité gratuite pour votre entreprise.

Ils ont l'avantage supplémentaire d'être gratuits tout en donnant des informations utiles. Mais avant de bénéficier de ces avantages, vous devez apprendre à rédiger un communiqué de presse décent.

Préparez-vous à rédiger votre communiqué de presse

Il y a certaines choses que vous devez faire avant de commencer à rédiger votre communiqué de presse (également appelé communiqué de presse).

1. Les communiqués de presse commencent par le point le plus important et descendent vers le moins important. Si vous n'attirez pas immédiatement l'attention de

votre lecteur, il ne poursuivra pas sa lecture jusqu'à la fin. Faites une liste des points que vous souhaitez couvrir dans le communiqué de presse et indiquez-les par ordre d'importance.

2. Les communiqués de presse répondent aux questions : qui, quoi, quand, où, pourquoi et comment. De qui (ou de quoi) s'agit-il ? Quelles sont les nouvelles ? Quand cela s'est-il produit ? Où cela s'est-il produit ? Pourquoi cette nouvelle ? Comment cela affectera-t-il le lecteur ? Avoir les réponses à ces questions avant de rédiger votre annonce facilite votre travail.

Titre Le titre d'un communiqué de presse est votre première occasion de capter l'attention du lecteur. Un titre terne et inintéressant est un arrêt immédiat qui rend le contenu de votre annonce sans importance. Alors, comment exactement écrire un communiqué de presse qui attire l'attention ? Les titres des communiqués de presse sont rédigés dans un style d'annonce et comportent le nom de l'entreprise. Incluez la dernière réalisation de votre entreprise, un événement digne d'intérêt ou un nouveau produit ou service. Une façon simple d'écrire un grand titre est de rassembler les principaux mots-clés de votre communiqué de presse et d'en faire une déclaration logique qui attire l'attention.

Une fois le titre écrit, il faut le formater correctement. Les titres des annonces sont en gras et ont une taille de police supérieure à celle du texte de l'annonce. Mettez toujours la première lettre de chaque mot en majuscule, mais laissez le reste du titre en minuscules. Le fait d'écrire le titre après la rédaction du communiqué de presse peut faciliter grandement la tâche.

Corps La première ligne d'un communiqué de presse commence par la date, la ville et l'État d'origine. Il n'est pas nécessaire d'inclure la ville et l'État si, par exemple, vous êtes à Dallas et que vous écrivez dans le bureau de votre entreprise en Californie. Le premier paragraphe d'un communiqué de presse vient directement après la date et la ville/état et est en fait un résumé de l'ensemble de l'annonce. Comme le titre, la première phrase de ce paragraphe doit attirer l'attention du lecteur tout en indiquant exactement le sujet de l'annonce. Les 1 à 2 phrases restantes expliquent plus en détail le point principal. Les autres paragraphes développent le résumé fourni au premier paragraphe. Utilisez les listes établies avant de commencer à écrire. La façon la plus simple de rédiger le reste de l'annonce est de relire vos listes et de rassembler des paragraphes sur les informations que vous avez incluses. Gardez à l'esprit que le ou les points les plus importants viennent en premier. Vers la fin du communiqué de presse, inclure un "appel à l'action". C'est une partie très importante. Sans elle, vos lecteurs ne sauront pas quoi faire des informations fournies. Un appel à l'action, par exemple, peut être votre désir de voir les lecteurs acheter un produit/service (indiquer où il est disponible) ou participer à un concours (indiquer comment le faire).

Points supplémentaires

* Les paragraphes sont composés de 3 à 5 phrases.

* Les communiqués de presse ne dépassent jamais deux pages, la longueur idéale étant d'une seule. Le nombre de mots est généralement compris entre 350 et 800 mots au total.

* Les informations contenues dans le communiqué de presse doivent être récentes et pertinentes. Ne couvrez pas des choses qui se sont passées il y a longtemps.

* Évitez le jargon spécialisé de l'industrie. Si cela ne peut pas être évité, incluez une définition.

* Ne remplissez pas votre annonce avec des annonces ou elle sera probablement rejetée. Le but est de fournir des informations sur les événements récents dans votre entreprise, pas de vendre quelque chose.

Conclusion

La conclusion de votre communiqué de presse est l'endroit où vous incluez des informations sur votre entreprise et doit avoir son propre titre, par exemple "A propos de la société ABC". Décrivez votre entreprise en 5 à 10 phrases. Inclure les coordonnées des personnes à contacter. Les informations de contact comprennent : le nom de la société, la personne à contacter pour les médias, l'adresse physique, les numéros de téléphone et de fax, les heures d'ouverture, toute adresse électronique pertinente et un lien vers votre site web.

Mettez trois symboles #, centrés sur la page, en toute dernière ligne de votre communiqué de presse. Cela signifie la fin de la libération. Ces lignes directrices simples vous assurent que vous êtes sur la bonne voie pour créer un communiqué de presse réussi. Il existe de nombreux bons services de rédaction professionnels qui rédigent régulièrement des communiqués de presse. Contactez l'un d'entre eux pour obtenir des informations et des conseils supplémentaires.

CRÉER UNE PRÉSENTATION

Comme l'indique le rapport Lamalle sur les cadres supérieurs des années 1990, l'un des facteurs les plus importants pour décider de la réussite financière de ceux qui gagnent plus de 250 000 dollars est d'être enthousiaste et d'avoir un comportement positif (46 %). Il est évident que les personnes qui réussissent ne dénigrent jamais le pouvoir du raisonnement positif. Pour quelle raison le fait d'avoir un état d'esprit positif est-il si important ? Les recherches montrent sans équivoque que les attentes influent sur le sens de la conduite dans l'éventualité où vous vous attendez à réussir, tout bien considéré, vous y parviendrez et, au cas où vous vous attendriez à échouer, vous êtes voué à l'échec. Les attentes créent des résultats puisque nous travaillons pour atteindre le résultat que nous attendons, même si, par chance, il s'agit d'un échec. Henry Ford a déclaré : "Que vous le vouliez ou non, vous avez raison". Au fil des ans, j'ai travaillé avec plusieurs modérateurs qui avaient un contenu négatif dans la tête avant chaque présentation. Leur discours personnel ressemblait à ceci : "J'aurais dû m'y préparer davantage. J'avais besoin d'accomplir tellement plus de choses, mais j'ai utilisé tout le temps disponible. Je ne suis pas un modérateur très décent. Je ne pense pas que cela se passera très bien. Au cas où j'aurais quelques jours de plus, je pourrais m'améliorer". Et ainsi de suite, etc. Cette censure mentale constante de soi-même est très risquée. Outre le fait qu'il augmente la tension de la présentation, il contribue à façonner le résultat de l'échec. Nous pensons que nous ne progresserons pas gentiment et nous fabriquons donc cette incapacité à confirmer ce que nous savons déjà être valable.

C'est extraordinairement stupide, n'est-ce pas ? L'objectif de votre préparation à la présentation est de faire TOUT ce qui est important pour être préparé à votre présentation et ensuite changer ce discours négatif en un échange de plus en plus positif qui renforce la confiance, diminue la nervosité et instaure le désir de réussite. Avant une présentation, vous devez vous dire : "Je suis prêt". J'ai fait tout ce que j'ai pu pour me préparer. Je m'y connais. Je ferai très bien". Cela vous permettra de réfléchir à votre présentation et de transmettre cette disposition positive dans votre présentation réelle. Ce qui m'étonne, c'est qu'il est de plus en plus gênant d'être bienveillant envers soi-même et de croire en sa réussite que de se dénigrer, de se gronder et d'espérer tomber à plat. Les choses que nous nous disons à nous-mêmes influencent sans aucun doute nos sentiments et nos comportements. Au lieu de vous dire que vous n'êtes pas prêt ou que vous devez être de plus en plus préparé, pourquoi ne pas changer votre état d'esprit pour le côté positif de la vie - "Je suis prêt et je vais faire une présentation décente". Regardez ensuite comment votre point de vue positif crée un résultat positif

La création de présentations efficaces qui touchent l'empreinte est similaire à l'élaboration d'une énigme. La plupart des professionnels du monde des affaires dépendent des présentations qui ont lieu au cours des négociations. Cependant, les résultats sont parfois contradictoires. Quelques présentations montrent évidemment l'idée prévue, tandis que d'autres laissent les gens perplexes ou, plus terrible encore, désintéressés.

Comment faites-vous fonctionner cet appareil pour vous ? Une réponse simple à la création de présentations efficaces : la planification. Créer des présentations efficaces signifie planifier, planifier et encore plus planifier. Cela nécessite souvent des recherches approfondies. Pour les présentations d'affaires, l'arrangement doit comprendre des réponses aux points suivants :

-Quel point devez-vous faire valoir ?

-Quels sont les   avantages que vous offrez ?

-Qu'est-ce qui   vous rend unique par rapport à vos rivaux ?

-Quel marché proposez-vous ?

-Pourquoi   diriez-vous que vous êtes la décision principale ?

Une bonne planification permet de s'assurer que votre présentation reste suffisamment présente à l'esprit de votre public pour soutenir ce que vous proposez vers la fin de votre présentation. Dorénavant, vos diapositives doivent être utilisées comme des accessoires, et non comme une critique courante. Les diapositives remplies d'informations grouillantes provoquent régulièrement la confusion des esprits. Ils détournent l'attention du public de vous et de ce que vous dites. Les diapositives doivent avoir une limite de quatre lignes de texte ou une image qui parle d'une idée fondamentale. Utilisez toujours la diapositive comme support pendant que VOUS présentez votre message. Tout en créant des présentations efficaces, une solution importante est votre propre conviction. Si l'idée dont vous parlez ne vous convainc pas, la présentation va mordre la poussière. L'empressement de quelqu'un qui croit en ce que dit l'individu en question est irrésistible et fondamental lorsqu'il s'agit de vendre une idée. Faites en sorte que les diapositives et votre communication soient simples et claires. Chaque fois que cela est possible, éliminez les listes et les tableaux d'information. Mettez plutôt l'importance ou le résultat sur la diapositive. La clé pour créer des présentations efficaces est la clarté de votre communication. Si vous avez beaucoup d'informations à partager, mettez les détails dans un cadeau et communiquez-le avant ou après votre présentation. Bien que nous soyons en train d'organiser la création de présentations efficaces, n'oublions pas le matériel. De nombreuses présentations s'écroulent et brûlent parce que les coordinations autour du matériel n'ont pas été suffisamment prises en compte. Veillez toujours à ce que le réseau Internet, la batterie de l'ordinateur, votre projecteur, les prises et tout ce dont vous avez besoin soient disponibles et en état de marche. Au cas où cela serait possible, passez votre présentation en revue une fois pour vous assurer qu'il n'y a pas de pépins cachés.

Suivez ces étapes, et vous serez bien dans votre démarche pour créer des présentations efficaces.

Tôt ou tard, dans le cadre de votre vocation professionnelle, vous pourriez être appelé à faire une présentation. Heureusement, il existe un programme de présentation qui rend ces présentations vraiment simples. L'essentiel est de savoir comment créer des diapositives de présentation efficaces. Pour apprendre à créer des diapositives de présentation efficaces, vous devez vous mettre à la place de votre public. De nombreux modérateurs se sont tellement mis au courant de toutes les subtilités de l'innovation que le cœur de la présentation s'est perdu. Ces conseils vous aideront à rester concentré afin que votre public puisse tirer profit de la présentation.

Texte

Sauf si vous présentez un diaporama de vos dernières photos d'excursion, vous utiliserez du texte sur vos diapositives de présentation. Vous devez vous assurer que le texte que vous utilisez est facile à lire pour les personnes qui regardent votre présentation. La taille de la police dépendra de la taille de la salle, de la distance à laquelle se trouve le public et de la taille de l'écran sur lequel vous vous attendez. Vous devez vous assurer que la police que vous choisissez est facile à lire pour les personnes qui se trouvent au fond de la salle. Vous devez en outre veiller à ne pas surcharger votre diapositive de texte. C'est une propension caractéristique des gens à lire la diapositive qui est à l'écran. Si par hasard ils lisent la diapositive pendant que vous parlez, ils ne verront pas ce que vous dites. L'autre menace de beaucoup de texte est que vous puissiez tomber dans le piège de la lecture de vos diapositives. Il est grandement amélioré d'incorporer des repères visuels ou des lignes courtes pour mettre en évidence les points importants que vous faites. La dernière chose à faire est de vérifier que votre texte ne présente pas de fautes d'orthographe et de syntaxe. Vous n'avez pas besoin que votre public soit tellement centré sur des petites confusions que cela le distrait de votre présentation. Lisez le texte de vos diapositives plusieurs fois et demandez à une autre personne de relire votre travail.

Contexte

Utilisez un arrière-plan simple pour ajouter de l'intérêt à vos diapositives. Un arrière-plan discret peut donner à votre présentation une allure progressivement professionnelle. Dans le cas où il y a un dessin sur votre fond, assurez-vous qu'il est stable sur l'ensemble de vos diapositives. L'utilisation d'un si grand nombre d'antécédents différents semble peu professionnelle et peut donner l'impression que vous ne faites que montrer votre capacité à trouver des antécédents différents. Le texte que vous utilisez doit être mis en valeur par vos antécédents. Si le fond est excessivement "occupé", il risque de nuire à votre texte. Vous devez en outre veiller à ce que la teinte de l'arrière-plan améliore le texte et ne le cache pas. Assurez-vous que votre texte est facile à lire. Si votre public doit s'efforcer de percevoir ce qui est écrit, il cessera de se concentrer sur la présentation.

Graphiques/Animations Les graphiques peuvent ajouter de l'intérêt à vos diapositives et, lorsqu'ils sont bien faits, ils peuvent vraiment améliorer la présentation. Cependant, si vous ne choisissez pas vos graphiques avec soin, ils peuvent transformer votre présentation professionnelle en une véritable épave. Pour commencer, vos graphiques doivent être adaptés et pertinents par rapport au sujet. Si vous parlez d'une autre gamme de produits, il convient d'incorporer des images d'une partie des produits. Il ne serait pas correct de mélanger votre diapositive avec des photos de chiens et de fleurs. Dans le cas où vous introduisez des informations, un schéma visuel réaliste ou un plan de tarte est tout à fait souhaitable pour utiliser un tableau d'informations brutes. Les graphiques vous permettront de vous faire comprendre, tandis que le plan d'information sera difficile à lire, et vous finirez par perdre votre public.

Mise en page

Lorsque vous disposerez vos diapositives, rappelez-vous la maxime "moins c'est plus". Gardez vos diapositives très simples et épurées. Assurez-vous que tout ce qui se trouve sur la diapositive a une raison d'être et est simple. Jetez un coup d'œil à vos diapositives en tant que modérateur, mais aussi en tant que partie du public. Apprendre à créer des diapositives d'introduction efficaces est une compétence qui peut améliorer votre notoriété professionnelle. En apprenant à faire des présentations de qualité et professionnelles, vous serez perçu comme un spécialiste dans le domaine sur lequel vous vous affichez. Continuez à travailler pour affiner cette compétence et regardez votre notoriété se développer.

Dès le départ, considérez votre planning de présentation comme un projet spécifique. En tant que projet, l'ordre de procédure sera : Pensez, planifiez votre histoire, concevez, optimisez et présentez. Le respect de ces lignes directrices vous aidera à renforcer vos points faibles afin d'aborder la tâche avec plus de confiance.

Pensez à

Fixez des objectifs pour votre présentation. Par exemple, considérez ce qui suit : Quel est le but de ma présentation ? Pourquoi mon public a-t-il besoin d'entendre cela ? Quels sont les résultats ou les avantages qu'ils en tireront ? Ai-je fourni de la valeur ? Ensuite, pensez à votre public... Que savez-vous du profil de votre public ? Quel est leur niveau d'éducation, leur âge, leur profession, leur titre de poste, leur capacité d'attention, leur niveau de connaissance et leur expérience du sujet ? Une bonne compréhension de votre public vous aidera à élaborer un contenu approprié. Gardez également à l'esprit les restrictions auxquelles vous pourriez être confronté lors de la présentation de votre exposé (limites de temps, technologiques, logistiques, linguistiques, spatiales et même temporelles). Pesez le matériel ou les ressources supplémentaires dont vous aurez besoin (documents, projecteur, ordinateur portable, clé USB, cartes de visite, pointeur laser, etc.

Planifiez votre histoire

Tout d'abord, il faut créer le cadre mental et physique adéquat pour se concentrer sur la tâche à accomplir. Vous devez pouvoir travailler sans interruption ni distractions. Nombre des meilleurs présentateurs insistent sur le fait que la meilleure approche, et la plus efficace, consiste à commencer avec un stylo ou du papier/post-it notes/tableau blanc pour noter les idées et les relier à l'aide de flèches et de lignes. Une approche schématique avec des notes supplémentaires vous donne un sens inégalé de l'ensemble de la présentation grâce à ses idées et concepts clés. Cela peut ensuite être organisé en un ensemble plus compréhensible. Ce processus initial de réflexion et de création ne peut pas se faire aussi efficacement sur votre ordinateur, alors ne soyez pas tenté de commencer ici en pensant que vous gagnez du temps ! Enfin, lorsque vous réfléchissez et créez de cette manière, n'oubliez pas de comparer cette ébauche avec vos objectifs prévus afin que vos idées restent ciblées. Vos points doivent être pertinents, justes et concis, et offrir une valeur définie par vos objectifs.

Conception

Une présentation est utilisée comme un moyen de communiquer avec votre public. Une bonne présentation est simple/facile à suivre et permet de faire passer le message d'une manière compréhensible pour eux. Une excellente présentation le fait de manière à ce qu'ils apprécient réellement l'expérience. Maintenant que vous avez défini vos idées et les avez placées dans une progression logique, vous pouvez utiliser l'ordinateur pour créer les documents, diapositives, images ou tableaux qui illustreront ou renforceront les points à soulever. Lorsque vous concevez du matériel visuel, évitez l'abondance de contenu, sinon vous vous retrouverez avec un public submergé et fatigué par la surcharge d'informations. Votre matériel visuel doit être simple, informatif, élégant et agréable à l'œil. Utilisez des images divertissantes, des diagrammes simples et d'autres outils visuels qui résument ou soulignent avec précision le point que vous faites valoir. N'oubliez pas que le public peut vous contacter directement pour obtenir des informations plus détaillées. Montrez donc vos coordonnées au début et à la fin de la présentation. Veillez à la cohérence de la mise en forme (type de police, taille, couleur, etc.) et à la visibilité de l'image de marque de votre entreprise sans nuire aux informations présentées. Laissez les diapositives s'écouler de manière cohérente et en complément de votre récit. Il vaut toujours la peine de regarder la présentation finale sur un écran similaire, si possible avant l'événement, afin de combler les lacunes éventuelles.

Optimiser

La clé de votre performance du jour est la pratique ! Corrigez toute erreur ou incohérence, vérifiez par recoupement avec les buts et objectifs déclarés pour confirmer que la présentation est toujours en bonne voie. Ensuite, pratiquez jusqu'à ce que le matériel vous semble naturel et familier - cela aide le public à retenir les informations clés que vous voulez qu'il détienne. Chronométrez-vous pour vous tenir au courant des contraintes de temps et, si nécessaire, établissez des protocoles de chronométrage appropriés sur votre diaporama pour correspondre à votre récit. Si vous produisez des documents, laissez le temps de les créer, de les imprimer et de les emballer selon une bonne norme.

Présenter

Il est temps de présenter votre chef-d'œuvre. Grâce à votre liste de contrôle des ressources, vous disposez de tout l'équipement et du matériel dont vous avez besoin. N'oubliez pas que vous avez planifié, préparé et pratiqué - faites confiance maintenant à votre capacité de vous exécuter avec assurance ! Respirez régulièrement, surveillez l'heure, restez simple et n'oubliez pas que vous connaissez votre matière. En se concentrant sur trois ou quatre personnes dans le public (à l'avant, une à mi-distance et une à droite ou à gauche), vous pouvez réduire une foule importante en un groupe plus intime. Le fait de sourire à ces visages clés vous détend et augmente le rapport avec le public.

En planifiant, préparant et pratiquant, vous avez la possibilité de devenir un orateur qui fait autorité et qui divertit.

INTERVENIR DANS LES CONFÉRENCES DE L'INDUSTRIE

Les entrepreneurs sont toujours à la recherche de moyens nouveaux et innovants pour atteindre leurs clients. L'art de parler en public est un moyen d'expression coloré que l'on peut utiliser. La prise de parole en public peut prendre la forme d'ateliers, de conférences et de séminaires. Les possibilités de s'exprimer en public sont infinies. Les opportunités peuvent se manifester par le biais de conseils professionnels de l'industrie, d'associations d'entreprises, d'écoles, de collèges, de centres communautaires, de chambres de commerce et de webinaires en ligne. Les entrepreneurs peuvent attirer des clients potentiels en parlant de leur passion et de leur expertise dans leur secteur. Après tout, la société actuelle a soif d'information et la considère comme un objet de consommation.

Les entrepreneurs doivent aborder le processus de présentation de la même manière qu'ils ont mis en œuvre leur projet d'entreprise. La première étape d'une présentation doit être la vision qui la sous-tend. L'entrepreneur doit se demander : "Qu'est-ce que je veux gagner à présenter et qu'est-ce que je veux que mon public gagne ? Ces deux questions préfigureront la suite du processus. Un exemple de vision serait d'obtenir plus de reconnaissance dans la communauté et en même temps d'amener de nouveaux clients.

L'entrepreneur doit considérer le public comme un marché cible. Le marché cible sera-t-il composé de pairs de l'industrie ou du grand public ? Il est important de le déchiffrer avant de planifier la présentation. Il est essentiel de savoir quelle information est appropriée en fonction des compétences et des besoins du public. Un exemple de public cible pourrait être les étudiants des collèges communautaires qui n'ont besoin que d'une compréhension de base du secteur d'activité de l'entrepreneur. Un autre exemple pourrait être une conférence professionnelle entre pairs qui impliquerait des informations plus spécifiques et plus originales.

Une fois l'auditoire confirmé, il est temps de choisir le sujet de la présentation. L'entrepreneur doit rédiger une liste de sujets à couvrir et avoir une formule pour faciliter la compréhension. Les grandes lignes doivent constituer les fondements de la présentation. L'entrepreneur doit ensuite étoffer ses idées et décider de la manière dont les informations seront présentées. Le format peut être une conférence, une présentation visuelle, des démonstrations ou une collaboration. L'entrepreneur doit réfléchir à ses propres forces lorsqu'il s'agit de présenter. Par exemple, ils peuvent être habiles à faire des présentations orales mais pas à utiliser l'informatique. L'entrepreneur doit utiliser son intuition pour savoir ce qui va divertir son public. Il est important de faire une présentation vivifiante et informative, sinon la raison de la présentation peut être annulée.

La dernière étape pour qu'une présentation soit réussie est d'en faire la publicité. Comme dans le cas d'une entreprise commerciale, l'entrepreneur doit commercialiser l'engagement de parler pour atteindre le public cible. Il est important d'évaluer les caractéristiques démographiques et psychographiques des clients afin de choisir la forme de publicité la plus efficace. Le lieu où la présentation aura lieu doit également être pris en considération, car il détermine la capacité et l'accessibilité pour les membres du public. Un exemple de choix de lieu pourrait être un auditorium sur le campus d'un collège local, ce qui serait pratique pour les étudiants qui sont déjà sur place. Un autre lieu pourrait être une salle de conférence d'hôtel qui attirerait davantage les professionnels du monde des affaires.

La prise de parole en public présente de nombreux avantages pour l'entrepreneur. Il permet à l'entrepreneur d'être reconnu comme un leader et un expert dans son domaine. Ils sont capables de partager leurs connaissances et leur ferveur avec leur public. Ils ne doivent pas utiliser leur plateforme pour faire un discours de vente, mais plutôt pour créer un sentiment de nécessité pour le produit ou le service qu'ils offrent. L'entrepreneur bénéficie également de la présentation, car elle lui permet de se tenir au courant de l'évolution de son domaine. Souvent, l'entrepreneur apprendra autant par la préparation et la prise de parole que son public. Le public aura souvent un sentiment de connexion et d'appréciation envers l'entrepreneur pour la présentation. Cela pourrait avoir pour conséquence que les membres du public deviennent de nouveaux clients et renvoient l'entreprise à d'autres.

La prise de parole en public est un outil puissant dans le monde des affaires. C'est une arme secrète pour certains des hommes et des femmes d'affaires les plus prospères. Ils sont reconnus non seulement pour leurs produits ou services, mais aussi pour la crédibilité de leur entreprise.

Il y a trois raisons principales pour lesquelles vous parlez. Le premier est de gagner de l'argent. La seconde est d'être invité à un plus grand nombre de conférences pour gagner de l'argent. Et le troisième est la vente de produits pour gagner de l'argent. Il n'y a qu'un seul thème principal présent : gagner de l'argent. Si vous êtes membre de la plupart des ateliers de conférenciers, c'est un sujet qu'ils couvrent rarement. Il y a un côté commercial à la prise de parole que la plupart des orateurs et des coachs de prise de parole mentionnent rarement. Et c'est pourquoi la plupart des orateurs, même les meilleurs, ne gagnent pas les gros sous dont ils sont capables. Ils se débrouillent en voyageant d'une ville à l'autre avec un temps limité pour la romance ou la famille.

Mais pas vous...

Si vous voulez construire une carrière d'orateur réussie où vous gagnez de l'argent réel et profitez des fruits de votre travail - vous devez construire un modèle d'entreprise proactif qui soutient de multiples flux de revenus. Le modèle de revenu lent qui consiste à faire des réservations dans les bureaux, à monter dans des avions bondés, à transporter ses bagages, à s'enregistrer à l'hôtel, à travailler avec des organisateurs de réunions et à promouvoir la vente de produits à l'arrière de la chambre fonctionne toujours : mais il ne permet pas de tirer parti de vos connaissances et de vos compétences qui maximisent votre temps, votre énergie et votre talent. En mettant en place un modèle commercial à flux de revenus multiples et en utilisant le pouvoir de levier, vous pouvez augmenter vos revenus de manière exponentielle, passer du temps de qualité avec votre conjoint et être présent pour vos enfants. Vous pouvez éviter de séjourner dans des hôtels miteux, de souffrir d'indigestions acides et d'être interrogé et poussé par la Sécurité intérieure.

Le modèle d'expression orale réussie d'aujourd'hui :

1) Construire votre base de données. (C'est le "dormeur" de votre arsenal marketing.) Si vous avez un message brûlant, vous avez besoin d'un public qui vous soutiendra. Ils sont là lorsque vous voulez tester un nouveau programme d'entraînement, un nouveau

livre, un nouveau produit d'information, un téléséminaire, des articles à prix élevé, un nouveau séminaire ou même vous rejoindre pour une croisière ou des retraites exotiques. Mais vous seriez surpris que la plupart des intervenants ne construisent pas leur base de données. Et les quelques personnes qui le sont, ont à peine des liens avec eux. Ils pensent que le fait de s'enregistrer avec une petite note une fois par mois apportera une valeur ajoutée à la vie de leur abonné. Même pas ! Vous pouvez saisir rapidement de nouveaux noms en utilisant une page de saisie en ligne, un abonnement à votre magazine électronique ou à votre cours en ligne, des formulaires de prise de parole, de la publicité, des canaux de publipostage, des fonds de livres et des accords de coentreprise. Cette procédure devrait être standard pour les intervenants de haut niveau travaillant sur un marché local, régional, national ou international.

 2) Votre présence sur le Web. Vous plaisantez ? Si vous avez traversé le dernier millénaire sans site web, vous devez vous faire examiner la tête. Tout orateur ayant des connaissances en affaires dispose d'un site web. Ou trois. Votre site web est la carte de visite la plus importante et la moins chère que vous ayez dans votre arsenal marketing. C'est votre brochure électronique. De là, vous pouvez afficher votre marque, publier des articles, vendre des produits ou des services, vous inscrire aux prochains séminaires, montrer votre itinéraire et fournir des informations aux organisateurs de réunions et aux bureaux des conférenciers.

3) Organiser une téléconférence. C'est l'un de ces jokers qui mettront plus de mégots dans les sièges. C'est de l'arithmétique simple. Préférez-vous en avoir 250 ou 500 lors de votre prochaine intervention ? Quelques centaines de participants supplémentaires peuvent vous apporter des milliers de dollars supplémentaires en termes de réservations, de produits et de services. En vous faisant interviewer ou en interviewant vos protégés dans un discours amical, vous vous forgerez une grande crédibilité. Les participants ont la possibilité de vous entendre en direct lors d'une ou plusieurs téléconférences qui font la promotion de votre prochain événement. Il peut être enregistré et téléchargé sur un site web pour ceux qui n'ont pas pu y assister. Vous pouvez ouvrir les lignes pour une séance de questions et réponses. Créez un buzz ici et vous devrez réserver une chambre d'hôtel plus grande.

4) Votre seule feuille. (Indispensable pour tout professionnel de l'orateur.) Il montre aux organisateurs de réunions, aux bureaux d'orateurs et aux décideurs qui vous êtes. Incluez une superbe photo, votre marque, vos sujets dynamiques, les noms de vos clients, vos coordonnées et ce qui vous qualifie pour parler de votre sujet. Votre feuille unique est incluse dans votre kit média, qui contient plus de détails sur vos frais, des témoignages et une courte biographie.

5) Votre vidéo de démonstration. (Un autre élément indispensable de votre kit média.) Produisez un DVD qui vous montre en train de parler. Montrez aux décideurs ce qu'ils peuvent attendre en vous engageant à leur conférence. Il est préférable de vous mettre en valeur en prenant la parole lors de divers engagements. Votre vidéo peut également être téléchargée sur votre site web pour un visionnage instantané.

6) Votre magalogue de l'argent. Il ressemble à un magazine, mais fait la promotion des produits comme un catalogue. C'est un incroyable bâtisseur de crédibilité. Après votre discours, laissez à vos fans un autre moyen de vous joindre en leur remettant votre magalogue. C'est la stratégie idéale lorsque vous n'êtes pas autorisé à vendre des produits sur place. Incluez des articles, des conseils et des outils qui apportent une valeur ajoutée à leur vie. Listez vos ressources et autres produits affiliés pour que les gens puissent les consulter. Laissez toujours la possibilité d'acheter, d'appeler, d'écrire, d'accepter ou de demander plus d'informations.

7) Publiez votre e-zine, vos articles et vos communiqués de presse. On ne peut pas toujours être devant une foule. Restez en contact grâce à votre bulletin d'information électronique, à des articles de valeur et à la notification préalable de vos déplacements. Faites savoir aux abonnés quand vous serez dans leur région pour votre prochain événement.

8) Parler pour parler. (Un énorme atout pour votre crédibilité.) Faites-vous connaître en prenant la parole devant des associations, des entreprises, des conférences industrielles et des groupes d'experts. Même si vous ne payez pas pour prendre la parole lors d'un événement de la Chambre de commerce, un membre de l'auditoire peut être le décideur d'une grande entreprise à la recherche d'un orateur compétent pour sa

conférence annuelle. Et cette conférence peut vous permettre d'obtenir les contacts et la notoriété que vous n'auriez jamais eus autrement.

9) Atteindre divers canaux non concurrentiels pour vendre vos produits. Il existe plus d'une façon de vendre votre stock. Contactez les entreprises de formation qui vendent des produits au fond de la salle pour vendre vos ressources. Obtenez l'aval des partenaires affiliés pour accéder à leur base de données, et vice-versa. Joint venture avec d'autres formateurs qui n'offrent que "abc", mais vous pouvez fournir "xyz". Et associez-vous avec un autre coach ou consultant pour produire un produit à vendre à vos deux bases de données. Le monde de la parole évolue rapidement. Les meilleurs orateurs d'aujourd'hui doivent devenir suffisamment avisés pour non seulement rester dans le jeu, mais aussi le dominer.

Avantages des services de transcription de conférences

Les services de transcription basés sur les conférences se réfèrent au même format dans lequel un document écrit reste toujours avec le travail pour compléter le même avec des avantages supplémentaires avec des informations précises et opportunes pour de futures applications. Parfois, ces services sont également prévus pour compléter les enregistrements audio et vidéo du même événement tout en travaillant comme mesure de sécurité plutôt que de rester indéfiniment avec des risques inévitables. Ces séminaires ou événements peuvent inclure des sessions de formation pour les employés, des conférenciers motivants, des conférences industrielles, des salons professionnels ou des présentations commerciales, et bien d'autres encore.

 En général, les services de transcription de type conférence fonctionnent également avec le cycle des organisations commerciales qui veulent donner à leurs réunions et conférences importantes une précision dans les subventions qui leur assure des bénéfices de qualité à long terme dans leur entreprise. Pour mesurer une telle perfection, plusieurs des organisations s'adressent à des professionnels des services de transcription de réunions ou de conférences qui leur assurent des avantages uniques en préparant des rapports de vente, des tableaux de données, des rapports commerciaux, des rapports de réunion de conseil d'administration, des comptes rendus de conférences, des rapports de planification future et bien d'autres encore. Ces services de transcription de conférences permettent aux professionnels de l'organisation d'apprendre et de lire les notes importantes de l'événement, les sujets à tout moment. Il leur permet également de se souvenir des sujets qui ont été abordés lors du séminaire ou de la réunion afin d'obtenir les meilleurs résultats possibles grâce à sa perfection.

Les services de transcription de conférences se concentrent principalement sur les présentations enregistrées professionnellement, où un présentateur parle à la fois de l'entreprise au service d'idées qui peuvent assurer des bénéfices de qualité à l'avenir. Eh bien, ces services de conférence sont également utilisés par ces organisations afin de garder des mises à jour vitales sur la croissance et l'infrastructure de l'entreprise, les réunions d'équipe quotidiennes, les programmes de formation des employés, les présentations professionnelles et bien d'autres choses encore. Les prix pratiqués par ces professionnels de la transcription par conférence sont assez nominaux et restent donc très avantageux pour les organisations qui s'engagent dans ce type d'application, qui se caractérise par une grande précision.

Aujourd'hui, il existe plusieurs sociétés d'études de marché de ce type reconnues qui fournissent des services de transcription de séminaires ou de conférences à leurs clients qui cherchent le meilleur moyen de protéger leur entreprise contre le risque de doutes. Si vous choisissez ces services parmi les sociétés d'études de marché disponibles sur le marché, il est obligatoire de rechercher des services de meilleure qualité que les autres. Ces services de transcription de type séminaire ou conférence sont connus pour leur précision dans les prestations et donc la recherche du meilleur fonctionne également le mieux pour votre organisation en mesurant les résultats souhaités avec une clarté totale & formidable dans la perfection.

RÉDIGER UNE ÉTUDE DE CAS

Les cas sont utilisés comme outils d'apprentissage car ils décrivent une situation administrative ou de gestion de la vie réelle. Les cas permettent aux étudiants d'être exposés à des idées et à des problèmes pour leur permettre d'être dans la "peau" du manager et de devenir des acteurs de la situation qu'ils présentent. Il est souvent possible, surtout pour les étudiants diplômés, de trouver des situations similaires auxquelles ils ont dû faire face dans le cadre de leur travail.

En essayant de traiter une étude de cas, il convient de noter qu'il n'y a pas de bonnes ou de mauvaises solutions puisque tout dépend de votre propre jugement. Le but de l'étude de cas est d'essayer d'aider à comprendre et à enquêter sur une situation particulière à laquelle une entreprise a été exposée.

La plupart des études de cas contiennent de nombreuses informations. Il ne s'agit pas de mémoriser tous les détails ou d'extraire au hasard certains faits relatés dans l'affaire, l'idée est de se concentrer sur les questions clés et de comprendre la situation à laquelle le protagoniste est confronté afin de vivre au plus près une situation qui permette une véritable pratique managériale.

1-. Préparation individuelle

a- Lisez le premier paragraphe de l'affaire et passez au dernier paragraphe. Lisez ensuite l'intégralité de l'affaire en prenant bien note des sous-titres. Soulignez le premier paragraphe de chaque sous-titre. Réfléchissez et essayez de penser : "De quoi s'agit-il ? Quels sont les principaux problèmes" ? Examinez les différents tableaux et figures qui accompagnent le dossier en recherchant les informations que vous jugez les plus pertinentes pour répondre aux questions qui se sont posées dans l'esprit de la tournée. Réfléchissez aux théories et aux concepts que vous connaissez et que vous considérez comme applicables au cas en question. Parmi toutes ces questions et solutions, laquelle est peut-être la plus correcte selon votre point de vue.

b-. Essayez d'identifier certains aspects tels que :

- ✓ Diminution des profits
- ✓ Perte de parts de marché
- ✓ Menace d'entrée de nouveaux concurrents
- ✓ Expansion du marché
- ✓ Opportunités
- ✓ Problèmes liés au produit / marché

c-. Classez les problèmes par ordre de priorité.

- Identifier ce qui peut être à l'origine du problème
- Établir des hypothèses qui peuvent répondre aux problèmes rencontrés
- Établir un cadre qui pourrait conduire à une solution, par exemple :
  - ✓ Les cinq forces de Porter
  - ✓ Les 4 P du marché
  - ✓ Analyse de rentabilité

d-. Essayer de trouver et de proposer une solution

- Divisez le problème que vous considérez comme le plus important et essayez de le structurer de manière logique.
- Envisager quelques alternatives :

  - ✓ Essayez d'expliquer pourquoi d'autres idées ne sont pas aussi bonnes que vous avez comme cadre de référence.
  - ✓ Les alternatives que vous proposez doivent être réalisables/viables.

2-. Préparation à l'étude en groupe.

Après avoir analysé le cas individuellement, préparez-vous à en discuter avec votre groupe de travail. Partagez avec le groupe les aspects que vous considérez de votre point de vue comme les plus pertinents, discutez-les et essayez de parvenir à un consensus sur les principaux aspects à prendre en compte (n'essayez pas pour l'instant de trouver une solution). Partagez des idées, discutez et explorez avec le groupe de travail les arguments et les scénarios autant que le temps le permet. Il est nécessaire de noter qu'il peut y avoir plusieurs solutions et que chacun d'entre vous doit négocier avec son groupe de pairs pour tenter de parvenir à un accord.

Le travail d'équipe contribue à enrichir la discussion mais représente également un grand défi pour parvenir à un consensus.

Vous pouvez aider votre groupe à être plus efficace quand :

- ✓ Des objectifs et des processus sont établis pour les atteindre.
- ✓ Lorsque l'on est pleinement conscient que tous les membres de l'équipe doivent connaître et maîtriser l'affaire avant d'entamer la discussion.
- ✓ Tous les membres de l'équipe doivent apprendre à céder aux différents points de vue de chacun et ensuite, en tant que groupe de travail, parvenir à une vision commune.
- ✓ La coopération entre les membres du groupe donne de meilleurs résultats que la concurrence entre ses membres. Les membres du groupe ne doivent pas craindre les désaccords, qui doivent être explorés et analysés de manière rationnelle plutôt qu'émotionnelle.
- ✓ Elle doit travailler en équipe plutôt que de tenter de jouer un rôle de premier plan pour obtenir un groupe d'adeptes ou ce qui est aussi habituellement présent, deux ou trois personnes travaillant dur comme des "stupides" et d'autres membres du groupe ne faisant rien, agissant comme des "resquilleurs".

3-. Quelques questions qui peuvent mener à une solution

Posez-vous constamment la question :

- ❖ Qui est le protagoniste ? Quelle est votre cible ? (implicite ou explicite).
- ❖ Quelle décision (implicite ou explicite) dois-je prendre ?
- ❖ Quels sont les problèmes, les opportunités et les risques auxquels le protagoniste doit/doit faire face ?
- ❖ Quels sont les éléments de preuve qui me permettraient de prendre une décision ? Les preuves sont objectives et viables ? Il est possible de réussir avec certains d'entre eux ?
- ❖ Quelle est la solution de rechange dont je dispose..
- ❖ Quels critères dois-je utiliser pour évaluer la meilleure solution ?
- ❖ Quelle action dois-je entreprendre ou initier
- ❖ Comment convaincre les autres que mon opinion est réalisable.
- ❖ Ce que j'ai appris de cette affaire.
- ❖ Quel rapport puis-je avoir avec cette affaire, avec les affaires précédentes et ma propre expérience ?

4-. Discussion en plénière. Participation de la classe.

Préparez le cas pour qu'il soit discuté en classe. C'est l'enseignant qui ouvre le débat et la discussion. Vous devez participer activement, c'est le moment où vous devez essayer de présenter vos pensées et vos théories sur ce que vous pensez être et sur l'idée de résoudre l'affaire. N'oubliez pas que vous devez permettre aux autres boursiers d'argumenter contre ce que vous avez exposé. Écoutez attentivement les autres participants afin de bénéficier d'autres expériences et idées. Gardez l'esprit ouvert, soyez prêt à accepter un changement de position avant un argument convaincant. Réfléchissez et résumez : Ce que j'ai appris ? . De la discussion en classe peut mettre en œuvre l'une de ces idées dans mon travail ou mon entreprise ? Quelles mesures prendriez-vous lorsque vous reprenez votre travail ?

Profitez de votre participation pendant le déroulement de la classe.

5- La partie rédactionnelle.

Lorsque votre groupe de travail a choisi un cas à présenter aux autres membres de la classe, n'oubliez pas les instructions suivantes :

- La présentation écrite doit comporter une page d'accueil (première page) dans laquelle on doit trouver, le titre de l'affaire, le nom des membres du groupe de travail, le jour de la présentation. La présentation écrite doit comprendre un résumé d'une demi-page de lettre au maximum (environ 500 ou 700 mots).

- **Longueur de l'affaire écrite :** Maximum huit (8) pages avec un espace de 1,5 entre les lignes..Sur les huit (8) pages, la couverture fait partie de celles-ci au même titre que le résumé, alors pour présenter la solution du cas et votre position, il ne vous reste que six pages. Si vous utilisez des tableaux et des graphiques, présentez-les à la fin du document sur des pages séparées. Les tableaux et graphiques ne font pas partie des six (6) pages qui correspondent à la partie écrite.

CONSULTER LES OFFRES D'EMPLOI

- Les employeurs et les chercheurs d'emploi trouvent un avantage certain à être présents sur les portails de l'emploi en ligne, car de plus en plus de personnes dépendent d'Internet pour leurs affaires, leurs réseaux et leurs emplois. Le plus grand avantage pour les personnes qui recherchent des offres d'emploi par le biais d'un tableau d'affichage en ligne est qu'il n'y a pas de frais d'inscription. Le demandeur d'emploi n'a qu'à suivre une procédure d'inscription de base pour télécharger son CV et ses compétences. Alors que d'un autre côté, un employeur doit payer pour s'inscrire. En tant qu'employeur, voici quelques avantages à utiliser les services des sites d'emploi -

- 1. Gagner le contrôle total - Un tableau d'affichage des offres d'emploi s'est avéré être un outil bénéfique pour mettre en relation les recruteurs avec des candidats qualifiés. Plus efficaces que beaucoup d'autres outils, ces tableaux donnent aux employeurs le contrôle total de leur publicité de recrutement du début à la fin. L'inscription à un forum vous permet de gérer la publicité en vous laissant afficher sur votre forum, en vous connectant à tout moment de la journée depuis n'importe quel endroit dans le monde pour vérifier les réponses de vos annonces. Comme vous avez la liberté de concevoir vos propres communications, vous êtes en mesure de développer un contenu pertinent pour la "description de poste" afin d'attirer le bon type de candidats pour votre offre d'emploi.

- 2. Moins de dépendance à l'égard des agences de recrutement - Ces portails donnent aux entreprises les moyens de ne plus dépendre des agences de recrutement. Même si la plupart des agences renommées offrent des services de qualité grâce à une solide base de données de candidats, de plus en plus d'employeurs choisissent de s'inscrire eux-mêmes sur les portails d'emploi les plus populaires. Non seulement l'ensemble du processus d'embauche devient beaucoup plus rapide, mais les entreprises sont en mesure de faire des choix éclairés en parcourant une base de données de candidats plus large. De plus, le risque de s'associer à des agences de recrutement scrupuleuses est annulé.

- 3. Gain de temps - Comme nous l'avons déjà souligné précédemment, les entreprises peuvent économiser beaucoup de temps et d'argent en trouvant rapidement un candidat approprié sans devoir dépendre d'agences qui pourraient vous envoyer des candidats inadaptés en raison d'un manque de compréhension du profil de l'emploi en question et des besoins de votre entreprise. Les emplois directs en ligne peuvent mettre fin à cette frustration en vous donnant un accès direct à une série de profils parmi lesquels vous pouvez faire un choix.

- 4. Gestion aisée - La plupart des sites d'emploi réputés proposent des interfaces et des outils conviviaux qui vous permettent de parcourir les candidatures, de présélectionner les candidats qui vous paraissent correspondre au poste à pourvoir, et de vous aider à organiser et à programmer facilement les entretiens en fonction des informations recueillies.
- Grâce à une série d'outils et de fonctionnalités, les employeurs peuvent facilement gérer de multiples ouvertures, interagir avec les candidats et prendre la bonne décision d'embauche qui est bénéfique pour l'entreprise comme pour le candidat. Avec l'augmentation constante du nombre d'internautes, l'inscription à un portail de l'emploi est le moyen idéal et le plus pratique de doter votre entreprise des compétences adéquates.

-Lors de la recherche d'un emploi, il y a de nombreux obstacles à surmonter. Si vous utilisez des fiches de poste sur Internet comme élément du mélange, cette action permet d'identifier un certain nombre de facteurs cachés que tout demandeur d'emploi devrait prendre en considération lorsqu'il recherche un emploi. Quelle que soit la ressource Internet que vous utilisez pour chercher un emploi, il est important d'utiliser la ressource en fonction de son contenu.

-Il existe de nombreux sites importants et pas tous aussi célèbres qui offrent aux candidats une porte ouverte pour consulter les offres d'emploi accessibles. Il est regrettable qu'un nombre important de ressources parmi les plus connues aient des pics cachés qui peuvent conduire le demandeur d'emploi à un point de mécontentement si les informations obtenues ne sont pas mises en perspective de manière légitime. Sur Internet, il existe des milliers d'offres d'emploi, ce qui peut amener un demandeur d'emploi à se demander s'il est la principale personne au monde à ne pas avoir les capacités requises pour trouver un emploi intéressant. De nombreux postes contiennent une liste de nécessités considérables que de nombreux experts dans un domaine donné n'ont pas comme condition préalable pour postuler. Si une personne obtient un entretien en fonction de sa recherche d'un poste affiché sur Internet, un grand nombre des compétences énumérées dans l'annonce n'apparaissent même pas dans la conversation.

-Les employeurs et les agences de travail utilisent leurs affichages sur le web pour trouver un candidat "définitif" pour un poste, estimant que s'ils affichent leur propre feuille de fantaisie, le World Wide Web permettra de trouver des candidats affamés ayant suffisamment de capacités pour sauter sur l'occasion d'utiliser toutes leurs capacités significatives dans une chance mal payée. De nombreuses offres d'emploi affichent suffisamment de capacités pour couvrir quatre ou cinq postes d'une valeur de compétences, en voulant attraper quelqu'un prêt à sauter dans un cinq au prix d'un seul niveau de service. Les candidats potentiels doivent rechercher des postes qui font appel à l'éventail de leurs compétences et mettre en valeur cette expérience, sans faire de remarque sur les différentes aptitudes qui ne sont pas à leur niveau de maîtrise. Si l'entreprise ou l'agence vous contacte pour un entretien, vous avez suffisamment d'éléments pour être pris en considération pour le poste.

-Si vous choisissez de rester dans la rue en recherchant des postes par le biais d'une ressource internet, vous constaterez rapidement qu'un grand nombre des "milliers" de postes répertoriés sont des offres répétitives des jours, semaines et mois précédents qui restent vacants. Une petite partie seulement de ces emplois sont de véritables postes. Si un poste est ouvert depuis longtemps et qu'une entreprise ne plaisante pas avec l'embauche d'un candidat pour le pourvoir, elle sera plus que désireuse de faire descendre ses modèles suffisamment pour trouver quelqu'un prêt à réfléchir au poste.

-De nombreuses agences de travail s'engagent à publier des offres d'emploi sur des fiches internet qui n'existent pas pour l'instant, juste pour que leurs bases de données de candidats potentiels soient remplies avec les noms qualifiés de candidats pour lesquels ils ont eu la possibilité de trouver un emploi auparavant. Vous pouvez percevoir ces emplois en y postulant et en constatant que vous n'obtenez aucune réaction, ou dans le cas où l'on vous contacte pour obtenir plus d'informations, l'agence vous informera que le poste vient d'être pourvu, mais elle conservera votre CV pour l'examiner lors de futures ouvertures. Lorsqu'une agence ou une entreprise publie un emploi sur Internet pour attirer des candidats, elle a tenté et négligé de combler la situation par tous les autres moyens qui lui sont accessibles de l'intérieur. Une publication sur Internet suscitera des tas de réactions à l'idée de savoir d'où viennent les pistes, mais il faudra souvent filtrer un grand nombre d'applications futiles pour atteindre l'or. Si une agence publie une véritable offre d'emploi sur internet et que vous disposez des capacités qu'elle recherche, le cycle de passage de la candidature à l'entretien sera très court.

-Les candidats potentiels devraient limiter leur monotonie en séparant les recherches d'emploi pour ne consulter que les offres les plus fluctuantes. Bien qu'un grand nombre de ces emplois soient répétitifs, il est possible de surmonter les listes de zones locales en moins de temps et d'enregistrer les emplois pour lesquels vous venez de postuler précédemment. Si vous allez utiliser un tableau d'affichage des offres d'emploi, doublez vos chances d'être interviewé pour un vrai emploi en postant votre CV sur le site. Maintenez vos informations au point le plus élevé des listes de chasse en revigorant la date d'affichage de votre CV lors des intérims ordinaires. Concentrez vos efforts sur les offres d'emploi qui vous apportent les meilleurs résultats. Vous devriez également utiliser les sites d'emploi pour obtenir des informations sur la manière de postuler à des postes affichés directement sur les sites des entreprises, et vous assurer d'y présenter votre CV également. L'utilisation des sites d'offres d'emploi sur Internet n'entraînera pas un candidat dans une course à la richesse inouïe, mais un mineur expérimenté peut découvrir des éléments de hasard intermittents. Ne vous étonnez pas si un grand nombre des pistes que vous obtenez en affichant votre CV sur un site d'emploi n'ont rien à voir avec l'orientation que vous souhaitez donner à vos décisions en matière de vocation. De la même manière que les employeurs reçoivent beaucoup de demandes futiles, un candidat à un emploi recevra également beaucoup de demandes inutiles

- Stimuler votre bourse d'emploi pour diplômés

L'enrôlement en ligne par le biais d'un tableau d'offres d'emploi pour diplômés est certainement la voie à suivre. Le parcours de l'Institut Inavero en 2008 a montré que 72 % des offres d'emploi rémunérées sont transférées sur internet. Ce pourcentage ne cessant de croître, les réflexions qui suivent ont révélé que le tableau d'affichage en ligne des offres d'emploi pour diplômés est l'un des instruments d'inscription les plus courants parmi les responsables de l'enrôlement. Par conséquent, il est évident qu'un site d'offres d'emploi en ligne est une nécessité absolue pour toute agence de recrutement. Les tableaux d'affichage des offres d'emploi offrent une multitude d'avantages utiles. Ces derniers intègrent des coûts de mise en place très faibles, aucun stock n'est nécessaire et les conditions de maîtrise requises sont insignifiantes. Pour aider la raison, les administrations de l'enrôlement sont l'un des termes les plus recherchés sur Internet. Par conséquent, il est protégé par l'État de sélectionner en ligne avec un tableau d'affichage des offres d'emploi des diplômés est une nécessité absolue pour toute entreprise d'inscription ayant besoin d'aller de l'avant au Royaume-Uni. De nombreuses sociétés d'inscription sont incontestablement au courant de cette situation. Cela implique que la rivalité en ligne est sauvage pour une part des profits dans le monde de l'enrôlement. C'est d'autant plus le cas actuellement que le climat économique actuel fait état d'une immense quantité de candidats et de la quasi-absence de postes vacants accessibles. Dans ces conditions, il est crucial que votre tableau d'affichage des offres d'emploi soit mis à jour pour être exceptionnellement efficace. Voici quelques conseils pour vous aider à soutenir votre tableau d'affichage des offres d'emploi pour diplômés qu'aucun tableau d'affichage des offres d'emploi fructueux ne négligerait. Pour les employeurs et les agences, il est important d'être rentable. Essayez de ne pas vous surévaluer sur le marché, surtout si vous essayez d'attirer des entreprises en ligne par le biais de votre site d'offres d'emploi. Après tout, avec les administrations en ligne, vous ne vous heurtez pas simplement à différents spécialistes de l'inscription, vous êtes également confrontés à différents types de publicité, par exemple, la radio et la presse. Contrairement aux médias habituels, une administration des enrôlements en ligne présente de nombreux avantages, mais vous devez maintenir le prix de la publicité à un niveau jugé raisonnable. Les tarifs de la publicité en ligne sont pour la plupart inférieurs d'environ 80 % à ceux de la publicité habituelle. Afin d'encourager la poursuite de la publicité, vous pouvez proposer des incitations, par exemple des forfaits de réduction. Les types de rabais que vous pourriez offrir sont des frais uniformes sur la publicité illimitée ou des forfaits à prix fixe. En général, les employeurs et les agences que vous attirerez sont ceux qui offrent une grande ouverture. Pour attirer les petites entreprises, vous pourriez organiser une publicité gratuite pour une mesure spécifique d'administration supplémentaire fixe ou gratuite. Sauf si vous pouvez offrir à une agence ou à un gestionnaire un rendement applicable à leur investissement, il se peut qu'ils ne reviennent jamais sur votre site, en ne respectant guère le prix. Veiller à ce que les demandeurs d'emploi recherchent des emplois de diplômés et réagissent aux promotions importantes n'est qu'un des attributs que vous devez conserver. Maintenir une progression durable des candidats parfaits pour l'entreprise est une suggestion. Le fait de rassembler un grand nombre d'informations sur le candidat vous aidera à le motiver car il sera guidé vers les emplois importants pour les diplômés.

Systèmes de recrutement en ligne contre sites d'emploi en ligne

Vous souhaitez recevoir des milliers de CV non pertinents ou vous recherchez un vivier de candidats moins nombreux mais de meilleure qualité ? Il est évident que vous recevrez un grand nombre de candidatures partout où vous postez des emplois. Vous risquez d'avoir du mal à trouver des candidats appropriés si vous n'utilisez qu'un tableau d'affichage des offres d'emploi en ligne. Ces sites sont utilisés par tant de candidats de différents niveaux de compétences que vous êtes souvent bombardés de candidats qui ne sont pas qualifiés pour ces postes. Vous avez besoin des meilleurs talents pour doter votre entreprise en personnel de manière efficace, et vous n'avez pas le temps d'analyser des milliers de CV. Pour commencer à canaliser les personnes qui remplissent les conditions requises, votre service doit mettre en place une stratégie efficace pour trouver les meilleures personnes pour le poste. Un logiciel de recrutement en ligne peut vous aider. Pour voir les différences entre l'utilisation des systèmes de recrutement en ligne et l'affichage sur les sites d'emploi, posez-vous ces questions :

1) Comment organisez-vous votre réserve de talents ? Un système de recrutement en ligne devrait vous fournir des outils de gestion des relations avec les candidats (CRM). Grâce à ce logiciel, vous pouvez suivre les candidats et voir comment ils s'engagent avec vous. Si vous publiez uniquement des demandes d'emploi ouvertes sur des sites d'emploi, les réponses seront en grande quantité, mais il est beaucoup plus difficile de filtrer les candidats. Les outils de gestion de la relation client vous aident à parcourir les talents de manière efficace.

2) Pouvez-vous gérer vos réseaux sociaux dans une seule application ? Les médias sociaux font partie intégrante du recrutement moderne. Il existe de nombreuses possibilités pour les entreprises d'utiliser les sites de réseautage social. Vous devriez donc faire des recherches sur votre secteur d'activité pour savoir lesquels sont les mieux adaptés à vos efforts. Grâce à un excellent système de recrutement en ligne, vous pourrez exploiter plusieurs comptes de médias sociaux en même temps et consulter les taux d'engagement pour les postes.

3) Pouvez-vous rechercher facilement des employés à l'aide d'un tableau d'affichage des offres d'emploi ? Vous devez être un recruteur actif, ce qui signifie que vos compétences en matière de sourcing doivent être à la hauteur. L'utilisation de moteurs de recherche pour trouver des candidats potentiels peut fonctionner, mais vous vous retrouverez avec un nombre écrasant de professionnels. Grâce aux systèmes de recrutement en ligne, vous pourrez effectuer des recherches dans la candidature elle-même. Les tableaux d'affichage des offres d'emploi nécessitent des mots clés simples et ne permettent de faire des recherches que sur le site. L'utilisation d'un logiciel vous permettra de faire des recherches dans plusieurs endroits à la fois.

SUIVI DES CLIENTS PERDUS

Au moment où je parle de "clients perdus", je fais allusion à des clients avec lesquels vous avez peut-être déjà parlé ou auxquels vous avez envoyé une proposition, mais qui n'ont pas gagné l'affaire. Faites l'expérience de votre courrier électronique et retrouvez les clients que vous avez perdus plus de deux mois auparavant. Envoyez-leur un autre courriel pour leur demander comment se déroule leur projet et si vous pouvez faire quelque chose pour eux. Cette stratégie est liée au fait d'être utile et de montrer que vous vous souciez du client. Cela peut inciter à prolonger un peu ou même à avoir une autre conversation sur le fait de vous engager, s'ils sont mécontents de leur choix passé. Sinon, malgré tout, vous vous mettez sur leur radar et vous pourriez voir quelques références venir dans votre direction.

CONSEILS POUR PERDRE DES CLIENTS

Les raisons pour lesquelles les entreprises devraient s'inquiéter de perdre des clients sont nombreuses. Ils doivent tenir compte de la saturation du marché et de la concurrence des entreprises. Il est plus rentable de garder des clients satisfaits que d'en acquérir de nouveaux et de les fidéliser. Voici des conseils importants pour récupérer ces clients perdus qui sont sans aucun doute aussi importants que les nouveaux clients. Pensez d'abord à votre client. Lorsque vous essayez de récupérer des clients perdus, la première chose à laquelle vous devez penser, c'est à eux et non aux profits ou aux gains. C'est pourquoi une entreprise doit envisager l'aide de tout le personnel de l'entreprise pour mettre en place un système d'assistance à la clientèle. Lorsque cela sera fait, les recettes augmenteront, mais ne s'arrêteront pas là. Plus vous en ferez, plus vous obtiendrez de résultats. Cherchez les erreurs. Pour pouvoir récupérer les clients perdus, les entreprises doivent d'abord savoir ce qui les a poussées à partir, reconnaître qu'elles ont un problème et le résoudre. Tout ce qui s'avère gênant pour un client devrait être immédiatement modifié, avant que cela ne génère davantage de clients perdus. Il est également nécessaire et important qu'une fois découvert, le client soit invité à revenir pour une visite ou un tour de l'entreprise ou de ses services une fois l'erreur corrigée. Sinon, le client partira une fois de plus et maintenant de manière permanente. En partant, il emmènera probablement certains de vos clients avec lui.

Mettez en place des mesures de récupération de vos clients. La première chose à faire est d'établir un canal de communication avec vos clients, de préférence par téléphone. Deuxièmement, il faut envisager un plan stratégique de tout ce qui doit être communiqué au client. Ce faisant, l'entreprise s'assurera que l'appel a un but et ne se transforme pas en une conversation sans fin. Troisièmement, essayez de convaincre votre client de revenir pour une visite tout en lui présentant différentes options et de nouvelles possibilités, car c'est à lui de décider quand le faire. Enfin et surtout, prévoyez une date pour rencontrer personnellement le client et le remercier de sa visite. Ainsi, votre entreprise et vous établirez un lien direct. Présentez vos excuses, montrez et expliquez les nouvelles procédures. Diminuer la migration des clients. L'aspect le plus positif de la mise en place d'une stratégie de récupération des clients perdus est l'amélioration des services, ce qui permet de conserver les clients fidèles dans l'entreprise. Une stratégie conçue dans cette optique sera la meilleure option pour récupérer les clients perdus et pour transformer les clients en clients fidèles.

Quelle est l'efficacité de votre suivi ? Faites-vous un suivi ? Un nombre aussi important d'hommes d'affaires et de vendeurs négligent le suivi des prospects, des clients et des partenaires. Toutefois, le suivi est un élément fondamental de la présence et du développement des entreprises. De nombreuses personnes me disent qu'elles n'ont tout simplement pas le temps d'assurer un suivi. Je pense qu'ils n'ont pas le temps de ne pas donner suite ! La manière d'assurer un suivi fructueux consiste à élaborer un cadre de suivi. Choisissez les méthodes que vous devez utiliser pour contacter le contact. Cela dépend des résultats et des résultats souhaités.

Le processus de vente :

Au moment où vous vendez, votre suivi peut être le contraste entre l'obtention ou non de l'accord. Réfléchissez : quel est l'objectif de la communication (cold pitch ou lettre initiale) au cas où vous ne donneriez pas suite à un appel téléphonique ? Pourquoi des ennuis ? Pensez-vous vraiment que le prospect va vous appeler ? Parfois, ils le font. En règle générale, ils ne le font pas. Vous êtes le représentant des ventes. Il dépend de vous de montrer à la perspective que leur entreprise est importante pour vous. Vous pouvez rester en contact avec vos prospects de plusieurs manières : en les appelant, en leur envoyant des messages ou en leur communiquant des informations qui, selon vous, peuvent avoir une certaine importance pour eux. Construisez un programme et respectez-le. Comme toute propension, elle devient plus simple une fois complètement adoptée.

Nouveaux associés :

Au moment où vous rencontrez quelqu'un lors d'un événement de réseautage, d'un déjeuner, d'un atelier, etc., approchez-les pour obtenir leur carte de visite et faites un suivi avec eux. Parfois, seule une note manuscrite est suffisante. En fonction de leur identité et de la conversation que vous avez eue avec eux, vous devez leur laisser un mot et leur proposer une rencontre ultérieure. Il vous faudra de temps en temps donner suite à la recommandation. N'attendez pas qu'ils vous appellent. Ils peuvent cependant, s'il est important pour vous de développer une association avec eux - prouvez-le. Appelez-les

De vieilles connaissances :

Avez-vous déjà rencontré quelqu'un que vous connaissiez auparavant mais dont vous aviez perdu le contact pour des raisons inconnues ? Que vous ayez besoin ou non de créer une association avec eux, envoyez-leur une note manuscrite leur révélant qu'il était si décent de les voir. Si vous n'avez aucun enthousiasme pour la recherche d'une relation, souhaitez-lui bonne chance. Au cas où vous souhaiteriez rester en contact, recommandez une rencontre. De plus, une fois de plus, il faut donner suite à la recommandation.

Les clients : Certaines personnes sont en contact permanent avec leurs clients, de sorte que le suivi peut sembler inutile. Je présente que tout le monde devrait suivre ses clients tout le temps. Cela peut prendre la forme d'une enquête, d'une visite, d'une note exprimant sa gratitude envers lui pour son activité et son soutien, d'une petite bénédiction, etc. Choisissez au moins une méthode en fonction de votre clientèle et établissez un calendrier quotidien pour vous en assurer. Tout le monde aime se sentir reconnu et important. En trouvant le temps de faire un suivi, vous dites aux personnes que vous rencontrez, que vous les estimez. C'est très simple mais peut donner des résultats colossaux.

Comment puis-je améliorer et maintenir les relations commerciales avec mes clients ?

Vous vous demandez comment vous pouvez inciter vos clients à toujours acheter chez vous ? Tous les entrepreneurs indépendants intelligents savent que les entreprises les plus rentables reposent sur le retour des clients. Ainsi, si vous voulez gagner de l'argent, en plus de rassembler de nombreux clients, vous devez également vous assurer qu'ils reviennent. Peut-être les conseils suivants vous aideront-ils à devenir l'un des produits et des fournisseurs de services à succès que vous recherchez.

1. prenez soin de vos clients : Les clients réalisent en quelques secondes si vous vous souciez d'eux et si vous compatissez à leurs problèmes. C'est ainsi qu'ils savent que vous méritez ou non de faire des affaires avec eux. Bien que le marché économique actuel soit dominé par l'indifférence, les consommateurs expriment souvent leur besoin d'attention de la part des chefs d'entreprise.

2. Parlez à vos clients : Les gens veulent des réponses rapides à leurs problèmes. Si vous voulez vraiment qu'ils restent, vous devez apprendre à travailler à un rythme plus rapide.

3. Tenez vos promesses : Le non-respect d'une promesse est la principale raison pour laquelle les clients tournent le dos à leur fournisseur. Si vous promettez de résoudre un problème au plus tard le lendemain, assurez-vous personnellement que le problème est résolu dans ce délai, voire plus rapidement. Si vous proposez de faire quelque chose, cela signifie que vous devez le faire !

4. Assurez-vous de travailler avec des membres d'équipe bien formés : Il ne suffit pas que le chef de l'équipe connaisse les règles. Tous les membres de l'équipe doivent avoir au moins quelques connaissances et expériences de base.

5. Concentrez-vous sur la transaction, et non sur le produit ou le service : Si vous faites cette erreur, cela signifie que vous êtes très absorbé par vos problèmes, au lieu de donner de l'importance au client. Pour aggraver encore les choses, les clients d'aujourd'hui ont tendance à prédire vos prochains mouvements, surtout lorsque vous ne vous concentrez pas trop sur la technologie que vous utilisez/ fournissez et sur les besoins de votre client. Les clients d'aujourd'hui sont fatigués des hommes d'affaires trop concentrés et trop insistants, alors vous devriez prendre votre temps et vendre lentement. Votre client achètera bientôt.

6. Découvrez qui prend les décisions : Environ 90 % des affaires sont en effet conclues en l'absence des patrons, parce qu'ils décident de ne pas participer à la présentation. Vous ne pouvez réussir dans votre entreprise que si vous identifiez les responsables et si vous vous assurez que les avantages et les qualités que vous offrez sont appréciés par eux.

7. Informez votre client des coûts engendrés par le temps perdu : La décision des clients de reporter les discussions est le principal concurrent d'une entreprise Internet. Les free-lances doivent vraiment savoir et comprendre comment expliquer à leurs clients que chaque retard coûte de l'argent. Bien qu'il puisse sembler préférable d'être prudent et d'attendre, vous devez comprendre que le temps, c'est de l'argent.

8. Ne perdez pas votre temps à contacter des clients non intéressés : Si vous fournissez des produits ou des services de qualité, il est inutile d'insister pour contacter des clients uniquement intéressés par le prix. La clé du succès d'une entreprise est d'identifier les bons clients qui veulent, ont besoin et sont prêts à payer pour les produits ou services que vous offrez. 9. Gérer les craintes des clients. Qu'est-ce qui peut entraver la clôture du contact une fois toutes les discussions terminées ? Qu'est-ce qui fait que les clients perdent leur tranquillité d'esprit en signant ou en payant vos produits/services ? Pourquoi certaines personnes démissionnent-elles à la dernière

minute ? La peur ! Ils ont peur d'avoir pris la mauvaise décision et ils devront souffrir devant leurs patrons, leur famille et leurs collègues. Vous devez identifier ces préoccupations et trouver un moyen de les éliminer. Ainsi, à chaque fois, vous devez préparer un plan B à utiliser contre les préoccupations des clients et ensuite cimenter ensemble une transaction et une relation d'affaires réussies.

Respectez vos engagements :

Vous essayez de convaincre le client de vos produits ou services en lui expliquant que votre produit lui apportera certains avantages ou répondra à ses besoins. En substance, vous vous engagez à apporter la solution aux problèmes de vos clients. Vous devez ensuite assurer un suivi et veiller à ce que vos produits ou services produisent effectivement les résultats initialement promis afin de maintenir la confiance à l'avenir. Des promesses vides, des conditions contractuelles trompeuses ou des résultats nettement inférieurs à ce qui avait été promis réduiront rapidement la confiance que le client avait initialement placée en vous ou en votre produit. Les promesses futures seront généralement dénuées de valeur, et votre intégrité pourrait également être perdue. Si un problème imprévu vous empêche, vous ou votre produit, de fonctionner correctement, présentez vos excuses et expliquez à votre client en quoi consiste exactement le problème. L'honnêteté peut contribuer à sauver la confiance et la relation, et il faut espérer que le problème pourra être résolu.

Honnêteté et intégrité :

Un client apprécie une relation d'affaires dans laquelle il peut compter sur votre honnêteté et votre intégrité. N'essayez pas de leur assurer que vous pouvez faire quelque chose alors que vous savez que vous ne le pouvez pas. Vous pourrez peut-être les tromper pendant un court instant, mais ils s'en rendront compte assez vite, et votre relation d'affaires sera alors détruite. Prendre conscience de vos limites et expliquer ces limites au client si nécessaire, accepter la responsabilité de vos erreurs et tenter de les corriger, et travailler dur tout en respectant un code d'éthique solide se traduira extrêmement bien pour vos clients. Ces actions ne renforcent pas seulement les liens de confiance, mais servent également à accroître le respect et la fidélité des clients.

Restez confiant :

Les clients peuvent parfois tester vos capacités au maximum et vous faire douter de vous-même. Lorsque vous parlez avec des clients, vous devez être conscient à la fois de votre façon de parler et de votre langage corporel. Un client sera en mesure de voir si vous êtes mal à l'aise ou incertain de quelque chose, et ce comportement l'amènera à douter de vos capacités. Doutant de vos propres capacités ou ne soutenant pas vos produits est également un moyen sûr d'éliminer rapidement la confiance entre vous et vos clients. Si vous pouvez faire preuve d'une confiance adéquate et répondre aux questions de votre client de manière précise et honnête, non seulement il vous fera confiance, mais vous vous établirez également comme un expert dans votre domaine.

Facteurs secondaires :

Les conseils ci-dessus sont des facteurs essentiels pour établir une relation de confiance entre vous et vos clients. Il existe des facteurs secondaires qui peuvent renforcer vos relations d'affaires et les rendre plus gratifiantes pour les deux parties. Cela n'arrivera pas et ne devrait pas arriver tout de suite, mais avec le temps, vous commencerez à en savoir plus sur vos clients. Si cela vous convient, vous pouvez porter votre relation au-delà des obstacles au niveau de l'entreprise. Cela ne signifie pas nécessairement que vous devez devenir ami avec vos clients, mais les traiter avec un respect mutuel, poser des questions sur leur famille, faire preuve d'une réelle sincérité et les remercier pour leur entreprise sont autant d'éléments qui contribuent à assurer une relation d'affaires durable. Le suivi de vos clients est également un élément précieux, tant pour vous que pour le client. Pour le client, cela donne l'impression que vous n'êtes pas du genre à vous contenter de prendre l'argent et de courir, et pour vous, cela sert à mieux comprendre si les besoins du client ont été suffisamment satisfaits et, dans la négative, ce que vous pouvez faire à l'avenir pour fournir un meilleur produit ou un meilleur niveau de service.

Une stratégie de suivi qui permettra à vos clients de revenir

Le suivi des anciens clients est incroyablement important dans toute entreprise. Vous ne pouvez pas toujours vous attendre à un certain niveau d'attrition, mais vous pouvez le maintenir au minimum en restant simplement en contact avec eux de façon régulière. Les gens sont distraits, leur emploi du temps est chargé, mais si vous pouvez leur envoyer régulièrement des rappels de suivi pour leur rappeler qu'ils doivent recevoir un autre détail, puis leur proposer un spécial en même temps que ce rappel, vous les inciterez probablement à agir. Les dentistes utilisent souvent cette tactique pour rappeler les rendez-vous. Je reçois une carte postale de mon dentiste environ une semaine avant de me rendre chez le dentiste pour mon examen et mon nettoyage.

J'ai lu récemment qu'un salon avait utilisé cette stratégie pour réduire le nombre de clients perdus. Ils ont consulté leur base de données de clients et ont mis en place un système de trois lettres. La première lettre comportait une offre gratuite. L'un des mots les plus puissants dans le monde du marketing est "libre". La lettre suivante était un simple rappel qu'elle se rapprochait du "temps de la coupe de cheveux". La dernière lettre qu'ils ont envoyée était une lettre de recommandation qui donnait un bon de recommandation qui récompensait à la fois le client actuel et le nouveau client avec une réduction de 50 % sur leur prochaine visite.

En tant que chef d'entreprise, vous mettez vous-même en œuvre des stratégies de ce type. Vous le faites peut-être déjà dans une certaine mesure, mais ce n'est pas le cas de la plupart des entreprises. C'est votre chance de prendre de l'avance sur la concurrence. Votre premier objectif devrait être de constituer une base de données de tous vos clients.

Ensuite, il faut rester en contact avec eux. Vous pouvez utiliser le système utilisé par le propriétaire du salon ou vous pouvez envoyer une lettre d'information mensuelle avec les nouvelles de votre communauté locale. Je mettrais certainement en œuvre la stratégie de rappel dans votre mailing. Les envois de cartes postales sont très peu coûteux à créer et à envoyer. Vous devez disposer d'un système qui vous rappellera quand envoyer chaque courrier (je parlerai d'un système que j'utilise dans mon prochain article). De nombreuses personnes utilisent Outlook comme outil pour ce faire. Créez une carte postale qui leur rappelle qu'ils sont attendus pour un autre détail ; avec le rappel, offrez une réduction spéciale dont ils peuvent profiter pour une offre limitée dans le temps. Les publipostages de recommandation sont également une excellente idée, pour que vos clients actuels reviennent, mais aussi pour vous assurer que vous ne vous contentez pas de distribuer de l'argent.

Créez un chèque-cadeau ou un coupon de réduction spécial pour leur prochaine visite. Vous devriez toujours penser à des moyens de faire revenir vos clients actuels. Le plus important est de rester en contact. Comme je l'ai mentionné, les gens sont très occupés ces jours-ci. Ils vous oublieront si vous ne restez pas constamment en contact. J'aime envoyer des cartes de vœux et des cartes postales à mes clients juste pour les remercier. J'enverrai aussi de temps en temps des cartes de vacances.

MENER UNE CAMPAGNE DE PUBLICITÉ

Les promotions Google Adwords et Facebook sont d'excellents moyens de faire connaître votre cabinet à des clients potentiels. Ces deux étapes vous permettent de définir un petit plan de dépenses quotidien pour les personnes démunies ou qui ont besoin d'essayer des choses. J'ai découvert les publicités Facebook plus simples à utiliser que Google Adwords, qui a sans aucun doute une grande attente d'apprendre et de s'adapter au cas où vous seriez nouveau. L'Université PPC est une ressource étonnante pour découvrir comment mener des croisades efficaces, ou regardez Kudu, une assistance qui gérera et mènera des batailles pour vous. Pour les visiteurs qui se rendent sur votre site web et le quittent, vous pouvez utiliser des administrations de reciblage comme Adroll ou Perfect Audience. Ces étapes vous permettent de suivre les visiteurs de votre site, et vous permettent ensuite de leur servir des promotions par le biais de Facebook, Twitter et d'autres canaux de marketing en ligne. Vous pouvez également tenter d'acheter des publicités de salon auprès de BuySellAds. Toutefois, il peut y avoir un plan de dépenses plus élevées, en fonction des sites et des créations que vous sélectionnez.

CONSEILS POUR MENER UNE CAMPAGNE ADWORDS

Si vous souhaitez accroître votre présence en ligne et générer plus de trafic sur votre site, ce qui se traduit par des ventes, vous devriez envisager de lancer une campagne AdWords. Google AdWords est son modèle publicitaire de paiement par clic (PPC). Il s'agit des annonces que vous voyez en haut d'une page de recherche Google et des petites annonces à droite de la liste de l'index. Ces annonces sont également diffusées sur les sites partenaires de Google, notamment AOL, Earthlinks, Blogger et HowStuffWorks. Vous pouvez afficher des annonces qui renvoient directement à la page la plus pertinente de votre site et rien de plus facile. Cependant, il faut d'abord faire une recherche par mots-clés.

Les mots-clés sont essentiels dans les campagnes publicitaires AdWords, et vous pouvez tester la viabilité des mots-clés choisis lorsque vous lancez l'une de ces campagnes. Utilisez l'outil de recherche de mots-clés de Google pour vous aider à choisir les mots-clés les plus pertinents pour vos pages de contenu, car cela vous fera gagner beaucoup de temps et d'efforts. Il existe également un outil d'analyse qui vous aide à déterminer l'efficacité réelle de votre campagne publicitaire. Vous pouvez facilement trouver la provenance de votre trafic, qui peut être un élément clé de vos chiffres de vente ou l'absence de taux de conversion. Plus vous disposez d'informations, plus votre prochaine campagne publicitaire sera efficace. (N'attendez pas de miracles de votre première tentative d'utilisation de cette forme de publicité).

Vous pouvez également envisager d'utiliser le modèle AdSense de Google qui place vos annonces sur des sites dont le contenu est pertinent pour vos annonces. AdWords n'est pas ce formulaire, mais vous pouvez choisir que Google place vos annonces pour vous automatiquement là où, en théorie, elles généreront plus de trafic et de ventes pour votre site ; ou vous pouvez choisir des emplacements individuels où vous voulez que les annonces soient placées dans le réseau Display. Si Google fait les placements pour vous, les mots clés ne sont pas aussi essentiels que si vous indiquez où les annonces doivent être placées.

Les AdWords sont des annonces très courtes, vous devez donc choisir vos mots et mots-clés avec soin et les réduire au minimum car seuls 25 caractères sont autorisés dans l'en-tête et 35 dans le reste de l'annonce, et ces 35 caractères comprennent également des espaces. Les mots que vous utilisez doivent être informatifs et directs, avec un appel à l'action approprié. Il peut s'agir d'une phrase telle que "Obtenez un devis" ou "Inscrivez-vous maintenant" ou simplement "Vendez" ou "Naviguez".

N'oubliez pas de diriger le trafic vers une page pertinente plutôt que de le diriger simplement vers la page d'accueil de votre site.

En utilisant AdWords, vous devez enchérir sur les mots clés qui sont les plus pertinents pour votre site ou votre page et vous payez à Google un montant déterminé pour chaque fois que quelqu'un clique sur votre annonce, que cela entraîne ou non une action de la part du visiteur. Vous décidez de votre budget global et du coût par clic (CPC) que vous allez payer à Google. Par exemple, si votre budget est de 100 $ et que vous payez 1 $ par clic, alors lorsque l'annonce aura été cliquée 100 fois, elle sera supprimée, de sorte que vous ne dépasserez jamais votre budget. Si l'annonce n'est pas cliquée autant de fois en 48 heures, vous pouvez reconsidérer votre choix de mots clés et le contenu de votre annonce. C'est un excellent moyen de tester les mots clés que vous utilisez dans le contenu de votre site, même si cela ne se traduit pas par plus d'une vente.

En gros, vous obtenez beaucoup de données lorsque vous menez une campagne telle que Google AdWords, que vous pouvez utiliser pour améliorer votre site, tant en termes de référencement que de ventes.

N'oubliez pas que vous ne deviendrez pas riche du jour au lendemain, mais que vous ferez des découvertes importantes qui, à long terme, vous aideront à gagner plus d'argent et à améliorer le classement de votre site dans ces pages de classement des moteurs de recherche si importantes.

Comment mener une campagne par courrier électronique

Une campagne par courrier électronique réussie pourrait vous rapporter de l'argent et une campagne infructueuse pourrait vous décourager d'en mener une autre à l'avenir. Vous avez donc intérêt à faire appel à des professionnels ayant une expérience suffisante pour concevoir votre campagne de courrier électronique. Voici quelques points fondamentaux qui se prêteraient à tout type de campagne par courrier électronique.

Collecte des adresses électroniques

Il est important que vous collectiez vos adresses électroniques par les voies appropriées. La meilleure façon de collecter des adresses électroniques est de remplir un formulaire sur votre site. Cela permettra d'augmenter le taux de réponse et de mettre un terme aux accusations de spam, lorsque quelqu'un remplit le formulaire et lui envoie un courriel lui demandant une confirmation. Souvent, les gens ne remplissent le formulaire que par curiosité et ne sont pas très sérieux au sujet des services ou du produit. Par conséquent, leur demander de confirmer diminuerait les risques que vos e-mails professionnels soient considérés comme des spams. Seuls les utilisateurs sérieux confirmeront qu'ils sont prêts à accepter vos courriels. Je vous suggère de ne pas acheter d'adresses électroniques. Il existe plusieurs endroits sur le marché où vous pouvez acheter des adresses électroniques. Toutefois, les taux de réponse aux courriels envoyés à ces adresses seront trop faibles car la plupart des gens considéreront cela comme du spam. Les fournisseurs d'adresses électroniques font généralement payer des sommes exorbitantes pour cela, ce qui ne vaut tout simplement pas la peine.

Campagne de courrier électronique

Une campagne de courrier électronique bien conçue est toujours préférable à une campagne aléatoire. Une campagne par courrier électronique doit comporter un ensemble de courriers électroniques prérédigés ainsi qu'un calendrier d'envoi des courriers électroniques. Il suffit d'envoyer les courriers électroniques aux personnes concernées à des intervalles prédéfinis. Comme le processus est bien pensé et bien documenté, les chances de réponse sont toujours meilleures. Les experts, qui savent comment faire mûrir une piste, préparent le format des campagnes par courrier électronique. Ils savent très bien comment susciter l'intérêt d'un prospect pour votre produit ou service et le convaincre de l'acheter. Il serait donc préférable que vous fassiez appel aux services d'un spécialiste pour finaliser la campagne de courrier électronique à votre place. Une campagne par courrier électronique réussie permettrait un retour sur investissement (ROI) élevé.

Utilisation du pilote automatique

Mettez votre campagne de courrier électronique en pilote automatique et oubliez tout cela. Le pilote automatique enverra automatiquement des courriels à toutes les inscriptions, y compris les nouvelles, à intervalles réguliers. La campagne de courrier électronique pourrait durer plusieurs mois, voire plus d'un an. Si vous souhaitez apporter un changement à la campagne, vous pouvez facilement le faire. Le pilote automatique rend la tâche facile et instantanée, ce qui aurait été lourd pour n'importe quel employé humain.

Rôle du répondeur automatique

Un répondeur automatique, comme son nom l'indique, répond automatiquement à un courriel. Dans de nombreux cas, un spécialiste du marketing sur Internet mène plusieurs campagnes distinctes, toutes de nature et d'objectifs différents. Un répondeur automatique peut gérer des campagnes aussi complexes et répondre aux clients potentiels. Il peut reconnaître la campagne particulière à laquelle un utilisateur a répondu et renvoyer la réponse appropriée. Il n'y a absolument aucune chance de faire une erreur qui satisfasse tous les expéditeurs de courrier électronique.

Segmenter vos clients potentiels

La campagne de marketing aura plus de chances de réussir si vous avez divisé vos clients en segments appropriés. Créez votre campagne de courrier électronique de manière à ce qu'elle corresponde aux segments. Une campagne de courrier électronique segmentée aura toujours un taux de réussite plus élevé qu'une campagne plate. Comme vous le savez, une chose sur mesure est toujours meilleure qu'une chose générale. Il y aura toujours plus de preneurs.

Mener une campagne de marketing sur Twitter

Pour savoir comment mener une campagne de marketing sur Twitter, il faut d'abord présumer qu'il est nécessaire de mener une campagne de marketing fructueuse sur Twitter. Par la suite, vous devez concevoir une campagne de marketing qui fasse vraiment de la petite vente et qui soit d'autant plus interfacée. Pourquoi ? Comme cette technique "décontractée" sur Twitter ne manquera pas de vous faire des adeptes convaincus de ce que vous avez à offrir.

Examinons la situation d'une campagne de marketing sur Twitter inexistante :

Vous rejoignez Twitter et commencez rapidement à tweeter à propos de vos produits et de vos administrations. Chaque fois que quelqu'un vous suit, vous lui envoyez un DM (message direct) avec un lien vers l'une de vos pages professionnelles. Vous utilisez une application pour intégrer automatiquement votre canal de blog dans votre compte Twitter, et chacun de vos articles de blog est exclusivement axé sur la promotion de vos produits et de vos administrations. Selon vous, combien de personnes seront intéressées à vous suivre et à exploiter vos relations ? Twitter est efficace à des fins de marketing juste au moment où vous réalisez qu'il ne s'agit pas d'affaires, mais de relations. Une autre situation fantaisiste de campagne de marketing sur Twitter : Cette fois, vous rejoignez Twitter avec une procédure de marketing mise en place. Vous trouvez et suivez des personnes qui peuvent être intéressées par ce que vous avez à offrir, mais vous ne les éclairez pas sur vos produits et vos administrations. Si malgré tout vous devez envoyer un DM lorsque quelqu'un vous suit au départ, faites-en une reconnaissance personnelle pour vous associer sans pousser aucune de vos pages professionnelles à rejoindre. Si vous avez vraiment besoin d'intégrer un lien, faites-en un rapport gratuit. Dans vos tweets généraux, vous partagez des liens vers des articles utiles qui s'identifient à vos produits et à vos administrations. Ces articles n'ont pas besoin d'être les vôtres ; à vrai dire, ils devraient parfois être ceux d'autres personnes. À ce moment-là, vous lancez de temps en temps un tweet sur un de vos produits ou de votre administration et vous y intégrez un lien. En tout cas, même pour cette situation, ce que vous déclarez peut faire une distinction : Au lieu de tweeter : Achetez mon super gadget dès maintenant et vous gagnerez d'énormes sommes d'argent en 30 jours. Vous pouvez tweeter : Découvrez mon nouveau programme de préparation de gadgets - il peut vous aider à attirer plus de visiteurs sur votre site web. Percevez-vous comment le tweet qui suit se vend beaucoup moins et se partage beaucoup plus ? Actuellement, si vous avez partagé des informations utiles liées à ce sujet, les personnes qui vous suivent seront de plus en plus disposées à exploiter ce lien, étant donné que ces personnes sont désormais formées pour vous faire confiance. Vous avez établi cette confiance en donnant à ces personnes des informations importantes et gratuites sur le sujet. En tenant compte de tout, prenez le point de vue de votre/vos clients potentiels afin de mener une campagne de marketing Twitter efficace : Ne pas tweeter constamment sur l'excellence de vos produits et de vos administrations, mais plutôt sur les informations qui permettront de résoudre leurs problèmes

Comment mener une campagne PPC avec un petit budget ?

La grande majorité des propriétaires d'entreprises trouvent extrême de devoir affronter leurs rivaux en matière de publicité de recherche, car ils estiment que leur budget est faible par rapport aux sommes dépensées par les concurrents. Nous ne pouvons pas minimiser ces craintes, car le budget est le segment essentiel qui caractérise le destin d'une campagne PPC. Si vous êtes confronté à un manque d'argent dans le cadre de votre campagne, cet article est très utile. Bien que les résultats soient d'autant plus rapides que les budgets sont importants, il existe plusieurs façons d'apprécier une mesure similaire d'avantages avec un budget moindre.

Ne visez pas toujours les postes de haut niveau :

C'est le constat habituel chez les annonceurs, qui se contentent d'indiquer que les clients cliquent dans les trois premières situations de Google. Cela n'est en aucun cas valable. Sur un certain nombre d'événements, j'ai observé que les publicités en position 4 5 obtiennent toujours du trafic à un coût par clic beaucoup plus faible. Mon expérience personnelle montre que les personnes qui parcourent les trois premiers classements cliquent sur les annonces sans raison. Malgré ce que l'on pourrait attendre, les annonces après 4+ positions ajoutent un trafic conscient

Utilisez des mots-clés spécifiques et à longue queue : L'utilisation de mots-clés spécifiques et à longue queue est nécessaire si votre budget AdWords est très faible et limité. Des mots-clés spécifiques à longue queue de 3 mots ou plus peuvent bien représenter votre administration. Par exemple, si une personne recherche des avantages en matière de référencement en Inde, elle dépendra davantage de l'expression "Services d'optimisation de sites web en Inde" que de la phrase d'accroche "Optimisation du web".

Campagnes spécifiques pour les principaux mots-clés : J'ai de temps en temps l'impression que les propriétaires d'entreprises font une seule campagne pour tenir le rythme du nombre considérable de campagnes menées ensemble. C'est probablement le plus grand dérapage qu'ils font. La grande tache qu'il apporte est le rassemblement du nombre considérable de campagnes sous un seul budget. Dans le cas où votre campagne de PPC contiendrait des mots-clés profondément célèbres, mais peu

convertibles, il y a de fortes chances que ces mots-clés soient très immédiatement mis en contraste avec des mots-clés à fort taux de conversion. Il nuit à vos mesures de reconversion, tout en pesant d'un poids colossal sur le budget qui lui est alloué.

Profitez au maximum des avantages de la déclaration : Une autre chose qui peut vous aider à obtenir de meilleurs résultats avec un petit budget est l'utilisation des dispositifs de révélation AdWords. Edwards est doté d'un cadre révélateur très habile qui reconnaît les communautés urbaines et les états d'où provient votre trafic. C'est le meilleur instrument pour augmenter votre taux de conversion avec un petit budget. Ne perdez pas courage si vous avez moins d'argent à investir dans la campagne. Il suffit de suivre les pratiques que j'ai mentionnées ci-dessus et de constater le changement.

7 Erreurs de marketing par courriel à éviter pour mener une campagne réussie

Les dérapages sont inévitables, nous faisons tous des erreurs. Certains sont énormes et d'autres sont sans importance. Cependant, en ce qui concerne les entreprises, chaque mouvement ajoute au dernier effet. Ainsi, même une erreur inaperçue peut causer un réel préjudice et influencer l'ensemble de l'activité commerciale. Le marketing par courrier électronique est l'un des canaux de marketing les plus utilisés par les entreprises aujourd'hui. Elle n'encourage pas seulement les entreprises à situer leur image et à engager des perspectives, mais elle peut également contribuer à la réalisation de revenus d'affaires galactiques. Il devient donc urgent que tous les experts en marketing soient attentifs lorsqu'ils lancent une campagne de marketing par courrier électronique. Nous remarquons ici 7 bottes qui ne devraient pas faire partie de votre campagne de marketing par courriel.

Erreur n°1 : Vous envoyez sans tester La confiance est la voie du progrès, mais n'oubliez pas que nous sommes au milieu d'un désert de PC et de programmes de courrier électronique toujours plus nombreux. Les entreprises gagnent en certitude en repérant les imperfections et en les corrigeant en quelques instants seulement en testant un message dans les clients de messagerie les plus courants comme Gmail, Hotmail, Outlook, etc. Assurez-vous que chacune des connexions fonctionne correctement, que les images se chargent efficacement et qu'il n'y a pas de failles dans l'orthographe ou la structure de la langue. Pour obtenir le meilleur résultat possible d'une campagne de courrier électronique, vous devez mettre l'accent sur la façon dont le message est affiché sur les différents programmes de courrier électronique. Pour un examen extraordinaire du message, vous pouvez utiliser des administrations comme l'analyse des courriers électroniques. De plus, si vous avez affaire à une campagne au niveau professionnel, les tests A/B peuvent toujours être productifs en testant des variétés d'un message similaire sur une liste d'exemples, et ensuite déclencher le plus performant.

Étape n°2 : Vous ne faites pas toute une histoire d'une liste de diffusion basée sur une autorisation À moins d'avoir le consentement du bénéficiaire, tout ce que vous envoyez par courrier électronique se trouve juste à côté d'un spam, ce qui est soigneusement illégal. Aujourd'hui, diverses entreprises empruntent des voies faciles et achètent des listes de courrier électronique qu'elles regroupent de manière malhonnête. N'oubliez pas que le spam nuit également à la notoriété de votre image. Lisez toutes les informations sur la loi CAN-SPAM pour être bien informé. Le fait d'être agressif pousse parfois les entreprises vers le désespoir, ce qui incite à ces stratégies peu scrupuleuses. Vous pouvez consulter le site de la Commission fédérale du commerce pour prendre des mesures correctives afin d'atténuer les dommages causés par vos erreurs passées.

Confusion n°3 : votre décision de "De" et "Sujet" est vraiment mauvaise

Après l'échec de la liste de diffusion, il s'agit d'une autre liste normale que les spécialistes du marketing par courrier électronique soumettent généralement. Accorder une attention exceptionnelle aux termes "de" et "titre". Votre prospect met une fraction de temps à choisir d'ouvrir ou non un courriel. Au cas où les bénéficiaires ne percevraient pas l'expéditeur, il ne leur laisse aucun effort pour passer à autre chose ou effacer le courrier.

Confusion n° 4 : mauvaise utilisation de l'appel à l'action Vous menez une campagne de courrier électronique pour une raison. De plus, il faut que les lecteurs aient le choix de lire votre courrier. Vous pouvez en avoir besoin pour vous rendre sur votre site web et obtenir ou télécharger un extrait d'information ou faire une démarche comparable. Quel que soit l'objectif, faites en sorte que votre proclamation d'appel à l'action soit simple et claire. En outre, assurez-vous que la page d'accueil que vous choisissez pour faire atterrir vos invités après avoir cliqué les amène à la bonne page pour que vos lecteurs obtiennent ce dont ils ont besoin.

Confusion n°5 : vous mettez des illustrations partout

C'est un état d'esprit typique que les illustrations dynamisent les lecteurs et les obligent à rester engagés, mais la vérité est que cette époque est révolue. Les lecteurs d'aujourd'hui connaissent leurs besoins. Trop de dessins peuvent masquer votre message essentiel et peuvent entraîner un ralentissement de la vitesse de téléchargement qui peut tuer vos lecteurs. Alors, mettez-vous à l'abri de ce siphon et montrez et soyez compact et précis, aidant ainsi l'utilisateur à faire un geste.

Confusion n° 6 : vous n'améliorez pas vos e-mails pour les appareils mobiles

Le volume de clients mobiles gère aujourd'hui le domaine de l'internet. Vous devez avoir la garantie que vos courriers électroniques ont un bel aspect sur les appareils mobiles. De plus, ils devraient également être faciles à comprendre pour vos partisans. Assurez-vous que chacune de vos prises, jointures, appels à l'action sont énormes et particuliers dans le but que les lecteurs ne tapotent pas par hasard sur un lien inapproprié. La conception, la réactivité et la similarité sont des facteurs impératifs pour assurer la clarté, indépendamment des dispositifs sur lesquels elle est vue.

Erreur n° 7 : votre déficience visuelle sur une liste achetée Les entreprises, en particulier les nouvelles entreprises, font souvent preuve d'une grande partialité à l'égard des listes de diffusion prêtes à l'emploi. Cependant, aujourd'hui, une grande partie des agences de marketing par courriel réputées ne vous recommandent pas d'envoyer des courriels sur une liste achetée car elles ne souhaitent pas être victimes de plaintes pour spam. Mais la bonne motivation pour ne pas choisir une liste achetée, ce sont les résultats.

Ils peuvent être tellement étonnants que vous auriez probablement besoin de récupérer votre argent.

N'oubliez pas que les bons programmes de courrier électronique ne se fabriquent pas du jour au lendemain ; cela met de côté un certain effort pour construire une liste qui fonctionne vraiment. Qu'en pensez-vous ?

CRÉER UN COURS

Créer un cours sur Udemy pour profiter d'un vaste public d'étudiants et de clients potentiels. Tapha Ngum a composé un cours sur : Construire et vendre un site web de niche à partir de rien, qui possède des milliers d'étudiants. Tapha a gagné de l'argent en vendant son cours, et les personnes qui l'ont contacté ont passé des contrats directement avec lui.

Les cours en ligne deviennent une voie de plus en plus courante pour les blogueurs et les propriétaires d'entreprises en ligne qui veulent gagner leur vie. Ce qui est bien, c'est qu'ils constituent une sorte de "revenu passif". Cela signifie que vous pouvez créer le contenu une fois, et continuer à le vendre aux nouveaux étudiants encore et encore. Dans tous les cas, quels sont les différents avantages de la vente d'un cours en ligne ?

Il est effectivement ouvert

Un cours en ligne peut être accessible à tous, ce qui en fait un excellent moyen d'apprentissage. Votre cours peut porter sur n'importe quel sujet qui vous tient à cœur ou qui s'identifie à votre site web. Les gens du monde entier auront la possibilité d'accéder à quelque chose de très similaire, ce qui signifie que vous pourrez partager des informations de manière beaucoup plus générale. Cela vous amène à diffuser tout message que vous essayez de transmettre ou à partager vos aptitudes et vos capacités avec des personnes de différents milieux et niveaux d'expérience.

Vous pouvez gagner des revenus supplémentaires

Pour vous aider à comprendre, offrez gratuitement quelques modules de votre cours en ligne. Il peut s'agir d'un cadeau gratuit pour les personnes qui se sont inscrites à votre bulletin d'information ou, dans le cas où vous vendez des produits et des services, d'un supplément avec un achat. Cela permettra alors aux gens de choisir s'ils sont intéressés avant de lui soumettre de l'argent. Une méthodologie, par exemple, celle-ci vous assure d'obtenir la plus grande mesure de clients et de revenus pour votre cours en ligne.

Les utilisateurs peuvent s'intéresser à votre contenu

Les gens créent des cours en ligne pour de nombreuses raisons, mais si le vôtre est efficace, les gens apprécieront de suivre le cours et l'apprentissage leur aura été beaucoup plus simple. Cela encouragera alors les gens à jeter un coup d'œil sur d'autres produits et services en ligne auxquels vous avez accès, ce qui est une excellente méthode pour créer des liens avec les clients et constituer une solide base de clients.

Renforcer la crédibilité

Les gens considèrent souvent que les sites web proposant des cours en ligne accessibles sont de plus en plus solides, puisqu'il est possible d'enregistrer en direct un individu réel pour clarifier quelque chose. Les spectateurs ont régulièrement tendance à regarder une vidéo de quelque chose, et au cas où vous vous présenteriez comme la personne qui gère le site web, ils se sentiront d'autant plus associés. N'oubliez pas de toujours demander aux utilisateurs de votre cours en ligne de vous faire part de leurs commentaires, car cela vous permettra d'utiliser les remarques afin de l'améliorer et d'entrer en contact avec encore plus de personnes

Il est possible que vous vous demandiez si vous devriez créer un cours en ligne ou si vous avez vraiment fait le choix de suivre ce cours, vous êtes en train de réfléchir à ce dont vous avez besoin avant de commencer. N'importe qui peut créer un grand cours Udemy, mais vous devez donner le meilleur de vous-même. La scène d'Udemy est remplie de cours inférieurs, il est donc vraiment important de se démarquer. Il y a quelques avancées simples et essentielles que vous devriez prendre avant de commencer à créer votre cours.

L'avancée sous-jacente consisterait à (mieux vaut le croire ! vous vous êtes occupé de vos affaires !) sélectionner un sujet pour votre cours. Chacun a une capacité qu'il préfère, une action de détente qu'il commande ou peut-être un produit de son métier dont il est doué. Vous pouvez être professeur de tout ce que vous pouvez concocter. Dans un monde parfait, vous devrez être enthousiaste sur le sujet ou le cours aura très probablement besoin d'être intrigué et vous ne vous amuserez pas autant en développant le cours. Les sujets peuvent aller de "Echange pour amateurs" à "Comment préparer un chat", alors ne reconsidérez pas votre choix pour choisir un sujet que vous aimez.

Vous devrez également décider du format des leçons. La plupart des cours doivent être basés sur la vidéo, Udemy exige au moins 60% des leçons. Néanmoins, vous pouvez décider si vous souhaitez utiliser des leçons basées sur un diaporama, des vidéos d'instruction filmées ou un mashup (présentation avec vidéo).

Ensuite, vous devez générer un plan de cours. Distinguez tout ce que vous souhaitez enseigner et convertissez-le en leçons séparées. Calculez le temps que vous pouvez consacrer chaque jour à la création de ce cours et le nombre de classes que vous pourrez créer quotidiennement. Vous devriez avoir une date de diffusion cible en tête, sinon vous allez reporter les choses et perdre beaucoup de temps !

Vous aurez besoin d'un microphone approprié. La qualité audio des leçons est l'un des points les plus importants d'un cours. En fait, Udemy évalue méticuleusement le son avant de vous permettre de publier un cours. Ne vous inquiétez pas trop, cela ne devrait pas se transformer en un gros investissement, il y a de bons microphones dans la fourchette de 30 à 50 dollars.

Si vous décidez de faire des cours de vidéo filmée, vous aurez probablement besoin d'une caméra et d'un trépied. La plupart des smartphones d'aujourd'hui sont équipés de caméras suffisamment performantes pour filmer les cours, mais si vous souhaitez aller plus loin dans la qualité vidéo, vous pouvez acheter une caméra adéquate. Le trépied est entièrement nécessaire, que vous décidiez de filmer dans votre smartphone ou non.

Pour conclure, vous devez disposer d'un programme de montage vidéo. Il est crucial d'utiliser un logiciel pour construire les leçons vidéo et d'incorporer les effets nécessaires pour les rendre plus attrayantes

En bref, tout ce qu'il faut pour commencer est :

Le sujet de votre cours.

Un plan de cours.

Un vrai microphone.

Un appareil photo et son trépied.

Un outil de montage vidéo.

L'avantage est que le démarrage est très simple et que le coût est minime. Cela rend ce genre d'entreprise possible pour quiconque est prêt à y investir son énergie.

Un cours en ligne est une progression de messages électroniques instructifs envoyés aux abonnés. L'ajout d'un cours en ligne à vos projets actuels peut avoir des avantages pour le public, votre client et vous-même. Mieux encore, vous avez peut-être la possibilité de créer votre cours de manière efficace à partir de matériel existant. Voici sept façons simples de le faire.

1. Convertir un manuel Si votre programme de formation ou votre séminaire comporte déjà un document ou un manuel détaillé, envisagez de le dispenser sous forme de cours en ligne (au lieu de le distribuer aux participants à l'atelier lui-même). Le matériel est déjà très pertinent pour le programme, il est donc parfaitement adapté à un cours de suivi après l'atelier en direct. Bien sûr, cela peut signifier que vous devrez fournir un document différent lors de l'atelier, mais il peut s'agir d'une version réduite du document complet - qui est facile à créer. Vous pouvez également décider de ne pas utiliser de document pour l'atelier en direct et le dispenser simplement sous forme de cours en ligne plus tard.

2. Résumez les chapitres du livre Si vous vous êtes attelé à la rédaction d'un livre, vous avez pensé à organiser votre matériel de manière logique et à le livrer dans un ordre approprié. Il est donc facile de créer un cours en ligne qui présente le matériel dans les mêmes sections et dans le même ordre. Bien entendu, vous ne

livrerez pas l'intégralité du livre chapitre par chapitre, mais vous pouvez livrer un résumé de chaque chapitre dans chaque module de cours.

3. Extraire des articles d'un livre Dans l'exemple précédent, votre cours ne donne qu'un aperçu de votre livre. Vous pouvez modifier légèrement ce point - et offrir plus de valeur - en envoyant des informations plus détaillées dans chaque module. Il vous suffit d'identifier les morceaux du livre que vous pouvez extraire sous forme d'articles individuels, puis d'envoyer ces articles sous forme de cours en ligne.

4. Rassembler des articles connexes Vous pouvez aussi prendre l'idée précédente et la faire à l'envers : Plutôt que d'extraire des articles d'un livre, vous rassemblez des articles que vous avez déjà écrits, vous les rassemblez dans un ordre approprié et vous les présentez sous forme de cours en ligne. Si vous publiez régulièrement un bulletin d'information ou un blog, ce sera extrêmement facile à faire. C'est encore plus facile si vous avez marqué vos articles de blog au fur et à mesure que vous les publiez, car il est facile de voir tout ce que vous avez écrit sur chaque sujet. Il vous suffit de parcourir la liste, d'identifier certains éléments qui pourraient être inclus dans votre cours, et vous avez fait 90% du travail !

5. Convertir une liste de puces Dans toutes les idées précédentes, vous fournissez une matière substantielle (au moins 300-400 mots) dans chaque module de cours. Mais il n'y a aucune raison que votre matériel soit aussi long et détaillé. Parfois, les participants à vos cours apprécieront de recevoir un message plus court, surtout s'il est toujours pertinent et pratique. Cherchez une liste de choses que vous enseignez et demandez-vous si vous pouvez présenter chaque élément de la liste sous forme de module (vous devrez peut-être développer chaque élément de la liste en un ou deux paragraphes, mais pas beaucoup plus que cela). Par exemple, si vous avez écrit "Les 10 meilleurs conseils pour mieux gérer les réunions", chacun de ces conseils peut être un module de cours.

6. Choisissez des citations inspirantes Une autre façon simple de créer un cours en ligne est d'envoyer une citation inspirante ou motivante dans chaque module de cours. Bien que certains puissent penser que c'est un gaspillage d'espace (et je

n'aime certainement pas les gens qui en font trop sur Twitter ou Facebook !), beaucoup de gens aiment recevoir une dose d'inspiration quotidienne, hebdomadaire ou mensuelle. Rassemblez donc les citations pertinentes et envoyez-les dans le cadre d'un cours en ligne régulier.

7. Utiliser le matériel d'autres personnes Enfin, n'oubliez pas que vous ne devez pas toujours fournir votre propre matériel dans vos cours en ligne. Ce n'est pas parce qu'il ne s'agit pas de votre propre matériel que sa valeur diminue. Les participants à vos cours apprécieront toujours le fait que vous ayez passé au crible le matériel et choisi ce qui est le plus pertinent pour eux. Assurez-vous simplement que vous avez la permission d'utiliser ce matériel. Si vous vous contentez de créer un lien vers ce matériel sur une page Web publique, vous n'avez pas besoin de demander l'autorisation. Mais si vous incluez une partie du matériel directement dans vos modules de cours, assurez-vous d'avoir l'autorisation écrite du détenteur des droits d'auteur pour le faire. Par exemple, l'une des façons les plus simples de créer un cours en ligne à fort contenu est de trouver une série de vidéos pertinentes sur YouTube ou TED.com, et de les utiliser simplement comme support de cours. Dans chaque module de cours, il vous suffit de faire un lien vers la vidéo et d'ajouter un ou deux paragraphes expliquant pourquoi elle est pertinente pour vos participants. Laquelle de ces solutions pourrait vous convenir ?

Toutes ces idées ne fonctionneront pas forcément pour tout le monde, mais je suis sûr que vous pouvez en trouver qui vous conviendront.

COMMENT CRÉER VOTRE PROPRE COURS D'AUTOFORMATION EN MARKETING

Créer un cours de marketing en ligne est un investissement incroyablement rentable, surtout en cette ère de l'information où l'apprentissage est vraiment ouvert sous la portée de vos doigts. Il y a des années, après avoir obtenu ma licence en anglais/écriture créative, mon guide de direction d'école m'a révélé que j'étais un candidat convenable pour l'obtention du diplôme. Depuis lors, je dois retourner en classe et obtenir ma maîtrise. En tout cas, le temps et l'argent n'étaient pas au rendez-vous. J'avais des obligations différentes en tant qu'épouse et mère. Et par la suite, j'ai lancé ma propre entreprise indépendante. Avec une telle quantité de ressources accessibles sur Internet, je me suis rendu compte que je n'avais pas besoin de suivre des cours formels. Je pourrais en faire mon propre. Tout bien considéré, l'instruction est une entreprise de toute une vie. Les certifications ne font aucune différence sur le long terme, en particulier pour les propriétaires d'entreprises à domicile en ligne.

Ce qui fait la différence, c'est que j'applique ce que j'apprends tous les jours. C'est dans ce but qu'il y a quelques années, j'ai commencé mon étude autogérée sur le marketing sur Internet. J'ai pris des dispositions pour étudier tous les jours et pour appliquer rapidement ce que j'ai appris dans ma propre entreprise.

Le résultat ? Je suis perçu comme un spécialiste et j'attire plus que jamais des clients vers mon entreprise de services de représentation visuelle !

Comment pourrais-je le faire ? Voici quelques idées pour vous aider à démarrer :

1) Posez-vous cette question urgente : que vous apporte le succès ? Pas une autre personne. Serait-il possible que vous ayez besoin de réussir dans votre vie et dans votre entreprise ? Les 10 années suivantes ? Cinq ans ? Un an ? Un demi-année ? L'une des connaissances les plus importantes que j'ai acquises en étudiant en ligne a été d'apprendre à faire des choix à partir de l'endroit où je dois être plutôt que de l'endroit où je suis actuellement. Garder la fin à l'esprit vous aidera à créer un rêve pour votre vie et votre entreprise, ce qui vous aidera donc à vous décider sur ce qu'il faut étudier et comment le faire.

2) Analysez quel type d'apprenant vous êtes. Apprenez-vous mieux dans une technique systématique et graduelle ? Apprenez-vous mieux en étudiant ce qui vous rapporte vraiment ? S'améliorer en entendant, en voyant ou en faisant ? En tant que mère autodidacte d'un enfant aux besoins rares, j'ai appris l'estimation de ces informations sur le style d'apprentissage, tant pour l'éducateur que pour la doublure. Il s'agit d'une information essentielle pour moi alors que je choisis et développe le programme éducatif de mon enfant et qui m'a parfois poussé à jeter tout ce que j'ai et à créer mon propre programme.

3) Trouvez les personnes dans votre domaine que vous respectez le plus et auxquelles vous devez ressembler. Assurez-vous qu'ils réussissent réellement dans ce qu'ils font. Vous n'avez pas besoin des leaders ignorants et de leurs disciples encore plus ignorants ! Investissez en vous en obtenant un cours pour commencer. De nombreux maîtres du marketing en ligne proposent des formules adaptées à plusieurs styles d'apprentissage différents. Le premier que j'ai acheté était celui d'Ali Brown, son plan de réussite en ligne, qui comprenait un cahier d'exercices, des CD et des DVD. Cela m'a donné une perspective d'animal ailé sur ce que je m'attendais à faire pour atteindre mes objectifs commerciaux en ligne.

Différents mentors proposent des programmes de progression par courrier électronique. C'est une approche d'étude très efficace. Ils le divisent en tâches hebdomadaires, ce qui vous pousse à appliquer rapidement ce que vous apprenez à votre entreprise. C'est en suivant l'un de ces programmes de congruence que j'ai appris à créer mon propre cours en ligne en fonction de mon domaine d'aptitude spécifique - la notation. Attention toutefois à la surcharge d'informations. Lorsque vous commencerez à suivre les cours des "maîtres", vous serez submergé par les offres. Dans le monde du marketing en ligne, cela devient comme des bonbons. "Bonté divine, la meilleure chose qui me permettra de réussir", pensez-vous. Ne cherchez pas les pilules d'enchantement qui vous permettront de faire fonctionner comme prévu tout ce que vous voulez en un seul coup. Tout bien considéré, l'apprentissage tout au long de la vie et la réussite de la vie sont une aventure de travail difficile. En tout état de cause, il s'agit d'une aventure comportant des rémunérations importantes, tant sur le plan personnel que sur celui de l'expertise. Après avoir suivi votre premier cours, vous devez vous entraîner. Quel domaine d'apprentissage devez-vous rechercher pour atteindre vos objectifs, à la fois dans le présent et à long terme ? Atteignez chaque expertise à tour de rôle et mettez tout ce que vous apprenez en mouvement immédiatement.

4) Trouvez un mentor d'entreprise ou un groupe de réflexion. C'est une étape cruciale ! Après avoir envisagé de faire le grand saut, rejoignez une organisation d'encadrement. Trouvez un guide qui vous aidera à avancer pas à pas. Participez à un groupe de réflexion. Je n'ai jamais entendu parler d'un spécialiste du marketing en ligne qui n'ait pas investi en lui-même par le biais d'un coaching individuel et d'un tutorat. Il existe de nombreuses façons de s'impliquer pour s'adapter à n'importe quel budget. J'ai commencé avec le cercle de coachs le plus bas d'Ali Brown, qui comprend des téléséminaires mensuels. Actuellement, je fais partie d'un groupe de coaching et j'ai des tuteurs qui m'applaudissent constamment. Sans eux, je n'aurais pas pu obtenir un rêve pour mon plan de marketing. En effet, je ne serais même pas en train d'écrire ce contenu sans ce programme de coaching ! Mon implication dans mon organisation de coaching m'a donné un centre et une direction époustouflants dont j'avais besoin auparavant. Les groupes Facebook sont également un excellent point d'accès pour ce genre de choses. J'y ai découvert un soutien colossal, de manière experte, mais aussi personnelle. Exploiter la vie en ligne, pas seulement pour effacer de nouvelles informations, mais pour être une véritable voix dans un réseau. C'est un mouvement très compensatoire quand on peut donner et recevoir avec des personnes similaires.

5) Mettre en place une Dream Team locale.

Rien ne bat par rapport au temps. C'est tout. Quel que soit le degré de raffinement de l'innovation, l'interaction personnelle avec d'autres personnes est le meilleur, le meilleur moyen d'apprendre. Dernièrement, j'ai rencontré une autre mère autodidacte qui se trouve dans la même situation que moi - nous devrions faire en sorte que nos entreprises s'ajoutent à nos familles ou nous devrons étudier les possibilités de débouchés sur le marché. Ce n'est pas une bonne alternative quand, premièrement, il n'y a pas d'emplois et, deuxièmement, nous avons des jeunes avec des besoins extraordinaires qui exigent notre seule considération ! Nous avons donc choisi de nous réunir une fois par mois pour nous aider mutuellement à atteindre nos objectifs. Nous allons négocier les services. Nous sommes tous deux déterminés à voir la réussite de l'autre. Ce sera une inspiration gigantesque. Dans un mois et demi, lorsque nous nous rencontrerons juste parce que, bien sûr, je vais devoir lui faire part de mon avancement ! En outre, je vais devoir lui faire part de mon point de vue également. En enseignant aux autres ce que j'ai appris, je construis de façon exponentielle mon propre programme d'études !

6) Être enclin à apprendre régulièrement. Plutôt que de vous asseoir devant la télévision, regardez des DVD sur le programme d'études de votre choix. Écoutez les webcasts pendant que vous nettoyez. Emportez des CD audio dans votre véhicule. Lisez un chapitre par jour. Coordonnez-le dans votre vie de tous les jours plutôt que de vous dire : "Gracieux, je m'en occuperai après..." Vous ne le ferez pas ! Faites-le maintenant, pendant que vous faites les engagements habituels de la vie. À ce stade, utilisez votre apprentissage pour vous orienter dans votre action commerciale. Voilà, en gros, ce qu'il en est. Des instructions étape par étape pour créer votre propre programme d'études. Que vous ayez besoin d'étudier le marketing en ligne, l'écriture, la planification ou les arts expressifs, cette technique vous aidera à atteindre de nouvelles statures dans votre vie et votre passé !

PRODUIRE VOS SERVICES.

Le conseil productif est une méthode puissante pour créer des revenus répétitifs et obtenir de nouveaux clients. Avec le conseil productisé, vous regroupez vos services de conseil en "forfait" que le client peut acheter pour une dépense mensuelle. Le meilleur, c'est que vous créez des recettes prévisibles et répétitives.

Si vous proposez des services tels que la conception, le marketing, le développement, la rédaction, etc., pensez à vendre vos offres comme un ensemble que les clients peuvent   acheter.

Pourquoi avez-vous besoin de services de développement de produits ?

Des temps différents appellent des mesures différentes. Dans les moments où vos produits ne pourront pas créer la réponse que vous attendez, vous trouverez des moyens d'en faire renaître la valeur. La chute d'un produit est possible car aucun produit ne peut dominer le marché à lui seul si ses stratégies de marché sont variables. Un produit doit rester à la hauteur des exigences de ses consommateurs afin qu'il puisse répondre à leurs choix et à leurs besoins. Le jour où elle ne le fait pas, sa valeur marchande diminue et elle commence lentement à décliner. L'appel à des services de développement de produits est la seule solution possible.

L'histoire de la chute de divers produits n'est peut-être pas nouvelle pour de nombreuses entreprises. Ils subissent une série de chocs chaque fois que l'un ou l'autre produit ne parvient pas à faire impression sur le marché. Les services de développement de produits fournissent l'exposition à un produit dont il a besoin pour couvrir un marché plus vaste. Grâce à un mélange de stratégies commerciales et de développement, elles confèrent une telle valeur à des produits qu'il aurait été impossible de réaliser par elles-mêmes. Ils sont comme les sauveteurs de divers types de produits qui voient les temps d'arrêt de leur vie.

Différents facteurs définissent le succès du lancement d'un produit particulier. Les ressources telles que le capital, les matières premières, la publicité, la sensibilisation, les méthodes de sécurité, etc. sont les éléments essentiels qui doivent être soigneusement formulés afin d'obtenir le mélange parfait du produit. Ce sont les éléments qui peuvent être utilisés pour combler les lacunes d'un produit particulier. Lorsqu'une équipe de professionnels exécute le plan, elle donne une toute nouvelle définition au processus et votre produit est assuré de réussir par la suite. Les services de développement de produits sont donc une nécessité obligatoire pour tous les types de produits.

Pour qu'un produit soit bien perçu, il est également impératif qu'il soit correctement emballé afin que le contenu à l'intérieur de l'emballage soit à l'abri des éléments extérieurs. L'encapsulation des produits est une autre caractéristique importante des produits à laquelle il convient d'accorder suffisamment d'importance pour que vous soyez parfaitement sûr de ce que vous allez acheter. Le rôle joué par les services de conception de boîtiers est donc très crucial car il détermine la sécurité du produit et le rend utilisable par les clients. Ce n'est qu'après avoir été correctement enfermé par les services de conception des enceintes qu'il est considéré comme utilisable par tous. Elle marque la sécurité du produit et les sécurise sur le fait que ce qu'ils vont utiliser n'est en aucun cas dangereux pour eux. Plusieurs facteurs peuvent être mis en avant lorsqu'il s'agit de la chute d'un produit particulier et ce pourrait être le cas. Si l'emballage du produit est sûr et qu'il est protégé à 100 %, le consommateur est assuré d'une part que le produit peut être utilisé en toute sécurité. Afin de développer un produit à tous égards, il est nécessaire de leur fournir une fonctionnalité et une valeur complètes.

Comment créer des produits et services de niche simples qui attirent les acheteurs riches

En période de récession, trouver et attirer de riches acheteurs est un défi majeur. Mais elle peut être réalisée si vous suivez cette formule simple que je vais vous révéler. Mais nous devons d'abord détruire un mythe que beaucoup de gens ont lorsqu'ils vendent à des gens riches. Ce mythe veut que les riches n'achètent que des produits et services extravagants, fantaisistes et chers. Mais contrairement à la croyance populaire, ils achètent des milliards de dollars de produits et de services simples, pratiques et courants. Cela peut être un choc, surtout si vous regardez des émissions de télé-réalité sur les célébrités qui vous font visiter des maisons de célébrités. Vous savez, où ils vous montrent leur flotte de voitures de luxe, des placards ambulants de la taille de la plupart des appartements et leurs cuisines qui rendraient jaloux un chef exécutif. Mais même les gens riches achètent les produits simples qui remplissent un créneau spécifique. C'est là que vous pouvez venir et engranger de gros profits si vous suivez les étapes spécifiques qui suivront.

Créer des produits et services de niche simples qui attirent de riches acheteurs est plus facile que vous ne le pensez. Pourquoi ?

Parce qu'ils peuvent se permettre ce que vous vendez.

 Ils sont toujours à la recherche de produits et de services uniques.

Ce sont des clients fidèles et réguliers, à condition que vous continuiez à leur offrir un bon service et de bons produits.

Les produits qui attirent les riches acheteurs sont uniques et simples. C'est un secret puissant si vous le suivez. Pourquoi ? Parce que la plupart des gens pensent que les riches n'achètent que des produits et services chers et compliqués qui demandent une fortune pour être vendus ou offerts aux nantis. En réalité, la plupart des riches font leurs achats dans des endroits comme Costco, Wal-Mart et Target. Que seul devrait prouver mon point de vue. Cela vous montre donc à quoi ils consacrent une grande partie de leur argent, les produits et services de niche simples que tout le monde peut offrir. L'astuce est que le produit doit être unique, utile et de haute qualité. Voici une stratégie simple qui vous aidera à vous concentrer sur une idée de produit ou de service.

Découvrez ce que les personnes riches dans votre domaine d'expertise détestent faire.

 C'est un excellent moyen de fournir un service qui attire les riches. Découvrez ce qu'ils n'aiment pas faire, détestent faire, trouvent pénible à faire ou n'ont pas le temps de faire et vous le faites à un prix. Si vous pouvez trouver des produits et des services qui peuvent répondre à ce besoin, vous aurez un produit ou un service qui peut attirer de riches acheteurs.

Ensuite, allez là où les riches vont et faites de la publicité dans des publications ou des sites web que les riches lisent.

Engagez-vous à attirer des personnes riches vers votre service ou votre produit. Soyez déterminé à ne pas abandonner dès les premiers signes de défaite. Souvenez-vous de cette règle non écrite. Les riches et les nantis ne sont pas toujours ceux qui se joignent au premier contact de quelqu'un qui essaie de leur vendre quelque chose. Mais une fois que vous en aurez convaincu un, d'autres personnes se joindront à vous. C'est pourquoi les débuts lents et difficiles en valent toujours la peine, croyez-moi. Il y a d'autres faits que vous devriez connaître pour créer des produits et services simples qui attirent de riches acheteurs, mais ces conseils vous permettront de partir sur la bonne voie avec le moins de douleur, de problèmes et d'obstacles possible. À votre succès.

L'UTILISATION DE VOTRE SERVICE.

Chaque jour, je parle avec des fournisseurs de services professionnels qui font un excellent travail, ont un service important qui fait vraiment plaisir aux gens... et se battent pour que leurs services soient utilisés autant qu'ils le souhaitent. Ils obtiennent une réaction tiède après une conversation sous-jacente lors de la mise en réseau, les références arrivent mais ne se convertissent pas en affaires réelles aussi souvent qu'ils le voudraient, et ils ne peuvent pas faire en sorte que les prospects les considèrent comme étant de loin supérieurs aux différents professionnels offrant des services comparables. Ou encore, ils peuvent avoir des pensées de la part de prospects en raison d'une promotion, d'un article diffusé ou d'un discours... mais ensuite, les premières pensées se transforment en déceptions dans les tags téléphoniques et en absence de vrai client, finalement.

Quel est donc le problème ? Dans l'ensemble, ils ne vont pas assez loin avec la perspective de révéler la nature de leur travail... il ne s'agit donc pas de leur travail d'expert. De plus, quelques professionnels ont des outils de localisation et de crédibilité moyens, comme des hommages aux clients et des études de cas sur leurs sites web (bien que ces derniers - réalisés de manière efficace - soient peu courants, ce qui est choquant). Il y a beaucoup d'activités qui peuvent mal tourner dans le processus de marketing et de négociation. Quoi qu'il en soit, en règle générale, l'élément clé qui me semble manquer est une manière tolérable de traiter le regroupement de vos services d'experts. Pour réussir à regrouper vos services, il faut en partie mettre ce que vous offrez dans un assortiment de formats et de "paquets" dont vos clients ont besoin, à des prix qu'ils paieront. La mise en réseau et la demande de références sont un exercice futile (ou beaucoup plus difficile), dans le cas où vous n'avez pas quelque chose que les prospects peuvent effectivement acheter... une décision de simples "oui" comme versions astucieusement conditionnées de vos services.

Des exemples concrets qui marchent Voici quelques guides pour bien comprendre ce que je veux dire.

Il s'agit de stratégies simples pour reconditionner ce qui est généralement proposé comme services de conseil (quels que soient vos points forts). Chaque format offre à vos clients un autre niveau de responsabilité, de temps et d'argent... ce qui augmente les chances de trouver un choix idéal pour leurs besoins :

* Entraînement hebdomadaire pour se mettre et rester sur la bonne voie : Bon pour les prospects qui hésitent à s'aventurer, il suffit d'un peu d'encouragement pour commencer peu. Étonnant pour les personnes qui ont besoin de la structure et du contrôle d'une réunion normale (par téléphone ou en face à face) pour rester sur la bonne voie.

* Session stratégique de plusieurs heures : Particulièrement utile si vous faites des offres à différentes entreprises. Un moyen rapide et abordable pour les prospects d'obtenir des commentaires spécifiques et de nouvelles idées sur leur façon actuelle de traiter ce que vous proposez.

* Retraite d'un jour de démarrage : Une version plus intérieure et extérieure de la pensée ci-dessus. Particulièrement utile si vous réunissez une équipe de direction.

* Atelier ou clinique de plusieurs jours ou d'un mois : Une autre méthode pour conférer votre capacité et aider vos clients à "apprendre à s'orienter".

* Audit rapide : Une obligation limitée et abordable de donner à un prospect une chance d'obtenir un petit exemple de votre méthodologie. Peut souvent se transformer en un engagement plus long.

* Stratégie + Plan d'action : Une voie protégée pour que les perspectives se valorisent vraiment, sans acheter jusqu'au bout. Une fois de plus, il s'agit d'un engagement limité qui crée un schéma directeur pour les travaux futurs.

* Services de mise en œuvre : C'est généralement l'aide essentielle que les entreprises offrent. Pour rendre ce produit progressivement "achetable", il faut le décomposer en étapes et lui imposer des obligations plus légères et plus progressives.

* La table ronde : Collaborez avec des amis de confiance pour offrir une solution à multiples facettes pour aider vos clients. Comment réaliser que ces méthodologies

inspirent les prospects à devenir des clients ? Puisque je les utilise tous dans ma formation et qu'ils obtiennent tous des résultats. Mon modèle d'entreprise repose sur un mélange de sources de revenus, dont aucune n'est totalement liée à un modèle de conseil habituel. Pour plus de conseils sur la meilleure façon d'utiliser vos services en proposant des alternatives par le biais d'un regroupement créatif, poursuivez votre lecture.

Donnez des choix à vos prospects et vous augmenterez les chances qu'ils se transforment plus rapidement en clients payants. Voici comment :

1. Les services que vous proposez à vos clients ont un assortiment de moyens de travailler avec vous. Pensez peu, à ce stade, ajoutez régulièrement des marches dans des tailles plus grandes. En un rien de temps, vous disposerez d'un éventail de moyens pour soutenir vos clients.

2. Donnez à chaque service un titre infectieux qui indique comment votre client va en tirer profit. Par exemple, je propose le "Plus de clients que vous ne l'auriez jamais cru possible ! Marketing Clinic et l'audit du site web "Boost Your Online Strategy". Faites en sorte que le titre parle de vos clients, pas de vous.

3. "Produisez" vos services pour créer des revenus passifs. Enregistrez vos conférences ouvertes et vendez-les sur votre site web sous forme de cassettes. Regrouper des ensembles d'articles et les vendre sous forme de livres plus petits que prévu. Il s'agit là de choses vraiment simples et peu coûteuses à faire.

4. Retournez voir vos clients actuels et passés avec votre nouvelle gamme de services et/ou de solutions basées sur des produits. Ce n'est pas parce qu'ils vous ont acheté un type de service dans le passé qu'ils ne seraient pas intéressés par de nouvelles façons de vous aider.

5. Assurez-vous que votre structure de prix offre aux prospects un éventail de choix. Faites en sorte qu'il leur soit facile de faire le premier pas en offrant quelque chose de petit et relativement peu coûteux. On peut dire beaucoup de choses sur la tarification, que je traiterai dans un prochain numéro de ce bulletin.

6. N'ayez pas peur de préciser votre gamme de services dans vos supports marketing et sur votre site web. Démystifiez ce que vous faites en offrant de nombreuses informations, y compris des détails sur ce que vos clients peuvent attendre en termes de résultats, de délais, de résultats ciblés et de ce qu'ils doivent faire pour assurer le succès.

7. L'essentiel est d'utiliser des descriptions et un langage centrés sur le client. Même s'il s'agit de vos services, ce n'est pas le cas. Il s'agit de savoir comment vos clients vont réussir et quels problèmes ils vont résoudre en choisissant un service particulier. Je ne saurais trop insister sur ce point !

Faites des essais avec un certain nombre de paquets et voyez ce qui fonctionne et ce qui ne fonctionne pas. Jouez avec les variables : titre, taille, prix, description, produits livrables, etc. Vous n'avez rien à perdre, mais de futurs clients.

Externalisation des services de développement de produits - Quelques considérations !

Nous avons tous entendu l'expression "nous avons plus de puissance de calcul sur notre ordinateur de bureau que dans la première navette spatiale", ou une variante de cette expression. Maintenant, c'est aux informaticiens qu'il appartient de déterminer si cette affirmation est vraie ou non, mais on peut affirmer, et c'est généralement le cas au cours de cette conversation, que les choses sont effectivement plus compliquées de nos jours.

Spécifique au développement de produits, les choses sont incontestablement de plus en plus confuses de nos jours, personne ne le contestera. L'époque où l'on entretenait une équipe interne d'experts exceptionnellement doués et riches en ressources n'est plus jamais terre à terre ni rentable. Il existe simplement de nombreuses disciplines de distinction et d'identification nécessaires pour mettre un autre produit sur le marché avec succès, et il est inimaginable de s'attendre à les garder toutes en interne.

Fini le temps où l'équipe de développement pouvait se réunir dans un laboratoire, spécifier complètement un autre produit, planifier le triage des prototypes, créer le modèle, qualifier le produit et ensuite quitter le laboratoire et se rendre dans la zone de production, avec la documentation à portée de main, et le déclarer préparé. Bien sûr, c'est un flux très réorganisé, mais il représente l'état de fonctionnement de l'usine qui était disponible jusqu'au milieu des années 90, dans de nombreuses entreprises manufacturières.

Aujourd'hui, les entreprises se concentrent sur leurs compétences "essentielles" et "se réapproprient" chaque autre contrôle. Les arguments pour et contre la redistribution sont nombreux. Toutefois, la légitimité "pour" et "contre" ne fait pas l'objet de cet article. Les compétences "de base" peuvent être dans n'importe quel domaine, qu'il s'agisse de marketing, de recherche et développement, de fabrication, de services ou d'opérations.

Une partie des premiers efforts de redistribution ont été faits dans le monde de l'industrie manufacturière. D'énormes et de petits "sous-traitants" ont surgi et ont tiré parti des économies d'échelle pour réussir en fabriquant les produits de nombreux clients/marques. L'idée semble excellente, de maintenir le coût de fabrication du produit à un niveau proche de l'économie d'échelle mentionnée ci-dessus, d'éliminer le coût d'obtention et de stockage des matières premières et de supprimer une compétence "non essentielle". Tout cela devrait permettre d'économiser beaucoup d'argent et de rendre l'activité plus fluide et plus productive, n'est-ce pas ? Tout bien considéré, il est étonnant que la réponse appropriée ait fini par être FAUSSE ! L'explication est que, les choses étant ce qu'elles sont, ces spécialistes gênants qui soutiennent la fabrication savaient quelque chose que le groupe d'activités et le groupe de fabrication d'accords ne savaient pas. Cette petite information était la suivante : "notre produit n'est pas vraiment fabriquable selon les procédés et techniques actuels archivés". En vérité, un produit n'est pas manufacturable À MOINS que vous ne puissiez le construire sans avoir besoin d'une structure, d'un personnel de conception et d'un soutien insignifiant. Autrefois, l'usine de traitement n'était qu'à un couloir de distance, la norme était que les concepteurs sortent, changent cela, fassent des changements, expliquent le but réel des rapports, etc. et ainsi de suite jusqu'à la production...chug...chug...chug ! Comme vous pouvez l'imaginer, déplacez cette production "quelques portes plus loin" et vous aurez beaucoup de problèmes et beaucoup d'arrêts de chaîne de production ! Dans cette optique, la réaction sous-jacente a été d'étendre le bâtiment de soutien à la production, généralement donné par la société dont le produit est en cours de construction et toujours donné par le groupe de fabrication de l'accord. Dans les deux cas, il s'agit d'une extension du "coût de la prestation".

Aujourd'hui, tous les espaces qui se trouvaient autrefois "en interne" peuvent être réappropriés, en fonction du niveau de confort du client final. Cela comprend des services de développement de produits, par exemple, des services de conception mécanique, des services de conception de circuits électroniques, le développement de programmes et de nombreuses disciplines différentes. Pour réussir à faire évoluer ces disciplines vers le monde de la redistribution, il faut réfléchir et s'organiser avec soin avant d'opter pour un choix officiel d'exécuter et d'utiliser un développeur réapproprié. À l'échelle réelle, voici les principales réflexions :

1) Propriété intellectuelle : quelle partie de votre processus de conception êtes-vous à l'aise pour redistribuer. Devez-vous conserver le développement de la propriété intellectuelle en interne et simplement vous réapproprier la conception non intellectuelle ?

2) Réputation du groupe de design : il faudrait cesser de dire, cependant, qu'il est très fondamental de considérer un groupe de design en les rencontrant et en parcourant

ensuite les commentaires des clients précédents sur leur site et en appelant un couple. En vérité, il faut en outre contacter les partenaires de fabrication du groupe pour avoir une idée de qui est vraiment ce groupe de design. La façon dont ils traitent leurs partenaires de fabrication et la nature de la documentation/du dossier de construction qu'ils leur ont remis en disent long !

3) Coût de la conception : il faut comprendre les coûts "complets" de la conception et réfléchir intelligemment à la manière dont ils facturent et dont ils traitent les "demandes de modification" dues au client et les "demandes de modification" dues à une erreur d'appréciation de leur part lors du devis initial.

4) Documentation : examiner les documents relatifs aux tests effectués par les différentes entreprises. Recherche de contenu coussin contre contenu réel. En outre, il faut rechercher des processus de contrôle de configuration solides qui sont tout sauf difficiles à suivre.

5) Formation de qualité : le groupe est-il formé à la méthode la plus efficace pour exécuter et utiliser les appareils "design for six sigma" ? Attendez-vous à ce qu'ils vous expliquent clairement ce qui est "répétable", ce qui est "solide" et quelle est la distinction. De nombreux groupes qui sont dirigés par des personnes qui n'ont jamais investi d'énergie dans une discipline de soutien à la fabrication pour une grande entreprise, ne sont fondamentalement pas versés dans ces capacités. Cela nous amène à la chose suivante.

6) Expérience dans les tranchées : travailler pour d'énormes entreprises et être "dans les tranchées" pendant longtemps. En réalité, travailler dans un laboratoire de conception est la meilleure partie de ces emplois, mais la vérité est que si le concepteur

n'a pas eu besoin de soutenir l'introduction de nouveaux produits et les séries de production de ses produits auparavant, à ce stade, il lui manque une expérience clé qui aurait dû être considérée comme un partenaire de redistribution valable.

7) Que se passe-t-il après la libération ? C'est une grande enquête, mais le groupe auquel vous pensez ne peut pas y répondre. Vous devriez demander à leur clientèle. En général, les activités qui commencent au stade de la conception représentent le pourcentage le plus important des recettes, par opposition aux recettes de soutien. La question à poser est la suivante : "Malgré tout, avez-vous le sentiment d'obtenir un niveau de soutien similaire ?

CAPTURE LEADS

Il se peut que votre site web comporte dès à présent une structure de contact, mais celle-ci est généralement utilisée par les personnes qui sont prêtes à vous recruter ou à faire une bonne connaissance. Le plus souvent, un client potentiel consulte votre site web, puis s'en va - sans jamais vous contacter. Afin d'établir la confiance et de créer une association avec les invités, vous pouvez tenter d'attraper leur courrier électronique en vous séparant de quelque chose. Remettez à vos invités un livre électronique (comme indiqué ci-dessus), un livre blanc, une discussion gratuite de 30 minutes ou même un manuel étape par étape pour augmenter leur taux de conversion, en échange de leur courrier électronique. Vous pouvez ensuite transformer ces pistes en clients payants par le biais d'une campagne d'emails d'information ou en les contactant pour en savoir plus sur leur entreprise.

Saisir les pistes et assurer le suivi

Le manque de pistes, de clients et de prospects pour votre entreprise est l'une des choses les plus frustrantes du marketing sur Internet. Comment puis-je obtenir plus de clients ? C'est une question que j'ai entendue à maintes reprises de la part de nombreux autres propriétaires d'entreprises à domicile sur Internet. Ma réponse est la suivante : améliorez votre méthode de capture et de conversion des pistes. Votre propre génération de prospects par l'un des moyens les plus faciles et les moins coûteux de capter des prospects ciblés. Elle se fait en s'engageant dans un processus qui vous permet de recueillir des informations sur les visiteurs intéressés de votre site web et de les transformer en prospects ou en clients potentiels auxquels vous pouvez tenter de commercialiser vos produits et services.

À l'heure actuelle, les spécialistes du marketing ne rassemblent pas leurs prospects de la manière habituelle, par exemple en ouvrant un stand à la table d'un salon professionnel ou dans un endroit où les gens se rassemblent et attendent que les gens s'inscrivent. La technologie a facilité la collecte de plomb, grâce à l'internet. L'intervention de l'internet a rendu le processus beaucoup plus efficace, vous permettant de contacter de nombreux clients ; en outre, ce processus a été automatisé, de sorte que vous collectez même pendant votre sommeil.

La première étape pour obtenir des pistes consiste à attirer des visiteurs sur votre site web grâce à un contenu précieux et utile dans les articles, les publications et votre site web.

Lorsqu'ils se rendront sur votre site web, il faudra leur offrir quelque chose de précieux. En retour, ils rempliront le formulaire que vous avez fourni sur le site, avec leurs informations. Vous devez offrir quelque chose en échange des informations de vos prospects. Vous devez offrir quelque chose de valeur au visiteur, alors lui seul sera disposé à soumettre le formulaire. Tous ceux qui ont atterri par hasard sur votre site web ne vont pas remplir un formulaire. Ils ne resteront même pas une seule minute s'ils ne voient pas ce qu'ils attendent au moment même où ils sont venus sur votre site. Afin de les intéresser et d'être collant en premier lieu, vous voulez attirer l'attention des gens. Pour cela, positionnez-vous comme une personne qui apporte des solutions à ses problèmes, et vous voulez qu'elle vous contacte. **Une fois que vous avez collecté**

la piste, votre travail consiste à assurer le suivi afin de transformer cette piste en un acheteur. À ce stade, vous devez disposer d'un système de suivi avec eux.

Sinon, tout le travail que vous avez accompli jusqu'à présent sera une perte de temps et d'argent. Vous voyez que la majorité des personnes qui sont venues sur votre site ne sont pas converties à la même heure ou le même jour. Si vous n'avez pas donné suite à toutes les pistes que vous avez recueillies, vous vous retrouvez avec la partie courte de l'affaire. Parce que seule une petite partie de vos visiteurs sera prête à acheter. Cela signifie que pour réussir votre marketing sur Internet, vous devez collecter des pistes, les enregistrer et les suivre de manière cohérente à de nombreuses reprises. Votre but ultime est de commercialiser vos produits et services auprès d'un prospect qui a manifesté son intérêt et de le convaincre d'acheter.

Quels sont les objets que vous offrez aux visiteurs ? Quelque chose de précieux pour eux

. Les dépenses que vous engagez pour ces derniers valent plus que l'argent compte tenu de la valeur du lead que vous pouvez obtenir, plutôt que de dépenser beaucoup d'argent durement gagné pour des leads inutiles que vous achetez sur le marché.

Pour un visiteur qui est un entrepreneur en marketing, des informations utiles pourraient être :

- Un outil de marketing gratuit

- Bons pour le prochain achat

- Webinaire gratuit

- Essai gratuit sur abonnement ; essai du produit

- Réductions pour certains achats

Pourquoi vous devez capturer des prospects et non des ventes

Si vous allez probablement créer un salaire passif, vous pourriez alors envisager d'y parvenir en vendant un produit. Il peut s'agir d'un produit que vous avez fabriqué, ou d'un produit que vous faites progresser en tant que commercialisateur associé. Dans tous les cas, vous aurez probablement créé une page d'entreprise, en créant une campagne de promotion pour y envoyer des invités et, par la suite, vous aurez idéalement commencé à arrondir les bénéfices ! Le problème est qu'il peut très bien être extrême de tenter de persuader les personnes qui visitent votre page d'acheter. Votre succès dans cette entreprise dépend en général de vos conversions et du pourcentage d'invités qui finissent par acheter chez vous. Aussi, à cette fin, de nombreux commerçants se lanceront directement dans la vente forcée. Cela signifie qu'ils vont s'efforcer de mettre en valeur tous les aspects positifs de leur produit et d'inciter le client à cliquer sur l'achat lorsqu'il arrive. Cela ne fonctionnera pas en général. Bien que vous deviez probablement rendre votre processus commercial aussi simple et robotisé qu'il serait prudent, il est significatif que vous ne tentiez pas d'aller directement à l'exécution. Il est incontestablement de plus en plus efficace d'essayer d'attraper d'abord les pulsions. En voici la raison.

Pourquoi les ventes à froid ne fonctionnent pas seulement

puisque vous profitez passivement, cela ne signifie pas que vous devez vous inquiéter de la manière dont vous rassemblez vos affaires. Si vous essayez de convertir vos invités lorsqu'ils arrivent sur votre page, c'est à ce moment-là que vous pouvez comparer le fait d'approcher quelqu'un que vous aimez dans un bar et de lui demander son numéro, sans faire vraiment connaissance ou même sans se présenter au préalable. D'un autre côté, c'est comme si on s'approchait d'une personne sur la route et qu'on lui proposait de lui vendre une montre pour 500 dollars. D'accord, soyez réceptif à cette méthode commerciale ? Bien sûr que non ! De plus, l'explication est que vous ne savez rien de la personne qui vend, vous ne savez rien du produit et vous n'avez aucune motivation pour croire que ce qu'elle offre est à la hauteur de ce qu'elle affirme. Si quelqu'un arrive sur votre page et que vous essayez de lui proposer immédiatement, il pensera alors que votre site est essentiellement un spam et il sera déconcerté par l'absence de valeur significative. Il y a de fortes chances qu'ils partent

Comment se convertir

Parlez-lui plutôt de la manière dont il peut obtenir des informations gratuites en s'inscrivant à votre liste de diffusion, ou bien fournissez-lui un article et proposez-lui d'en partager davantage sur votre Facebook. Vous avez maintenant la possibilité de construire cette relation et d'instaurer la confiance et, en fin de compte, vous constaterez que cela vous met dans une position où ils sont plus susceptibles de vouloir acheter chez vous ! Vous vous demandez peut-être comment ce modèle est encore passif. En fait, cela peut toujours être le cas : il n'y a aucune raison de ne pas utiliser des courriels automatisés, par exemple par le biais d'un répondeur automatique. Vous pouvez aussi écrire une tonne de billets de blog et les programmer pour qu'ils soient publiés au fil du temps. Vous pouvez également rendre votre modèle passif. Mais n'allez pas directement à la casse !

POURQUOI LES SPÉCIALISTES DU MARKETING DEVRAIENT SAISIR DES PISTES

Une page de saisie de prospects est réalisée dans le but de collecter une adresse électronique et un nom de prospect. Pour ce faire, on leur offre quelque chose de précieux ou quelque chose qu'ils désirent très fort, comme un bulletin d'information peut-être. Il s'agit en fait d'un site web qui n'a pas pour but de vendre un produit particulier, mais qui vise à fournir une vidéo ou des informations par le biais d'une boîte à message afin que les gens y entrent leur adresse électronique et qu'ils la recueillent.

Ce système de capture de prospects est d'une grande utilité pour les spécialistes du marketing affilié. Les sites web de génération de prospects fonctionnent en capturant des prospects de n'importe quel créneau spécifique ou cible. Dans un répondeur automatique, les courriels sont stockés par la création d'une base de données. Les liens sont généralement envoyés au répondeur automatique par le site. Ces pages n'ont rien de compliqué. Ils apparaissent comme de simples pages sur le net. Il n'existe pas de règle stricte quant à la durée de leur séjour et il n'y a pas de directives déterminant l'apparence des pages ou leur aspect.

De nombreux spécialistes du marketing affilié pensent que la capture de prospects constitue l'épine dorsale ou la colonne vertébrale de tout type de commerce en ligne. Ils contribuent à la création et au succès de tout type d'entreprise de marketing en ligne. Les propriétaires de sites web sont en mesure de créer une base de données solide et de dresser une liste efficace de courriels qu'ils pourront utiliser à l'avenir. Ce faisant, ils peuvent s'assurer pendant longtemps qu'ils apportent de bonnes affaires sur leur chemin.

S'ils n'utilisent pas de pages de capture, les spécialistes du marketing affilié doivent vraiment réfléchir à un autre moyen efficace de collecter les courriels et de maintenir une bonne liste. Ils peuvent être obligés de s'aider d'une boîte d'information et de la conserver sur les sites web ou de donner une fabuleuse offre de souscription afin d'attirer les clients ou d'extraire leurs courriels après avoir vendu le produit. La page de capture de prospects demande de manière assez flagrante aux clients leur adresse électronique en échange des offres qu'ils font. Il n'y a donc aucune complexité dans ce processus. La page de capture de prospects aide les spécialistes du marketing affilié à rester en contact avec leurs clients et à se tenir constamment au courant de leurs goûts. Il est ainsi possible de rester en contact avec les clients et les clients potentiels en toute tranquillité. En fin de compte, il leur devient très facile de faire de la publicité pour de nouveaux produits, encore et encore, auprès de ces clients. Vous pouvez choisir de faire votre propre page de capture ou de mettre la main sur quelqu'un pour qu'il le fasse à votre place. Ce sont probablement les deux façons dont vous pouvez concevoir ou construire votre page de capture. Si vous souhaitez que quelqu'un d'autre le fasse à votre place, gardez ce point à l'esprit. La page de capture nécessite une adresse, un endroit sur Internet où les gens peuvent facilement la voir. Mais en tant que spécialiste du marketing affilié, si vous êtes équipé et expérimenté pour concevoir vos propres sites web, la préparation d'une page de capture n'est pas un problème pour vous.

Comment utiliser Squeeze Pages - 4 façons de capturer des pistes

Vous avez déjà cherché quelque chose et vous tombez sur un site web qui a l'air bien et qui offre une tonne d'informations, mais vous partez et vous oubliez de mettre le site dans vos favoris ? Pourquoi le propriétaire ou l'éditeur de ce site n'a-t-il pas tenté de vous capturer ? Pourquoi n'a-t-il pas fait la moindre tentative de connexion ?

Sur de nombreux sites web que je rencontre, l'éditeur ou le commercialisateur manque le bateau et permet aux abonnés de prendre des informations puis de partir. Ils donnent beaucoup d'informations mais ne capturent pas le chercheur. Ils rendent la recherche de la boîte d'opt-in trop difficile, certains n'ont même pas de visuel pour la trouver ou bien la boîte d'opt-in se trouve simplement dans une zone moins désirable. C'est un peu comme si vous entriez dans un magasin et que le vendeur vous demandait si vous voulez de l'aide et que vous disiez non, nous sommes en train de chercher. Vous avez des intérêts, mais ils ne vous captivent pas et vous continuez donc votre chemin, en achetant ou non.

Dans ce chapitre, je vais vous expliquer comment mettre la pression sur vos prospects en les capturant sur la première page de votre site web ou de votre page d'accueil.

Lorsque vous souhaitez que le chercheur agisse, il n'y a pas de meilleur moyen que d'utiliser ce que l'on appelle une page de saisie ou de compression de plomb. C'est la meilleure approche pour capturer le chercheur et l'amener dans votre monde. La page de compression a ses origines dans le monde du publipostage et de la réponse directe des années passées. Dans l'ancien temps du publipostage, l'annonceur avait une sorte de formulaire sur la page que le lecteur devait remplir et envoyer à l'annonceur. En échange, ils recevaient quelque chose de valeur et, dans de nombreux cas, une transaction était effectuée.

Il existe de nombreuses approches différentes qui vous permettent de capter vos prospects lorsqu'ils arrivent sur votre site web, qu'ils atterrissent ou qu'ils pressent des pages. Avec une page de capture ou de compression de prospects, vous pouvez capturer les chercheurs, puis communiquer et cultiver une relation avec eux. L'objectif est de constituer une liste d'abonnés. Ne pas donner des tonnes d'informations gratuites pour que le chercheur se retourne et ne parte que pour visiter un autre site. Voici quatre différents types de pages à presser que vous pouvez utiliser pour saisir des pistes pour votre petite entreprise :

1. **Un Light Squeeze** est ce que j'appelle une simple boîte d'inclusion qui est placée sur la première page de votre site web ou blog générique. Il est conçu pour capter l'attention du chercheur et le titre dans la case doit être écrit comme un appel à l'action.

2. **La** page d'accueil est ce que j'appelle une page d'accueil plus longue, dont le format s'apparente à celui d'une lettre de vente, mais qui comporte une case d'acceptation à un ou deux endroits. La page d'accueil pourrait être plus informative, contenir de nombreuses copies, des témoignages, des vidéos et bien d'autres choses encore. La lettre ou la copie longue est destinée à réchauffer la perspective et, dans certains cas, peut contenir une offre quelconque sur les 2 ou 3 dernières pages.

3. **Le Soft Squeeze** est une page un peu plus courte - avec une copie écrite de manière plus concise et plus précise - qui pourrait avoir un sous-titre, peut-être une vidéo, 7 à 10 points de balles et une case d'option ou une offre de vente à la fin. 4. **Le Hard Squeeze** est une page ou moins avec un titre, 5 à 7 points et un appel à l'action. Ils fonctionnent très bien lorsqu'ils sont situés au-dessus du pli et ont un appel à l'action solide. Quelle que soit la page de capture/pression de plomb que vous décidez d'utiliser. Testez, testez, testez et travaillez toujours à l'optimisation de l'ensemble de votre marketing pour maximiser les résultats et le retour sur investissement.

Maximisez votre génération de prospects par la capture d'appels 800

Si un agent immobilier dispose d'un système de capture d'appels 800 et n'utilise le numéro gratuit que sur les panneaux et dans les annonces, il gaspille de l'argent et manque un nombre énorme d'opportunités de génération de prospects. Chaque agent immobilier connaît la valeur d'un système de capture d'appel 800. Ce qu'ils ne savent pas, semble-t-il, c'est qu'ils devraient utiliser leur numéro de capture d'appel partout où ils le peuvent pour maximiser leur potentiel de génération de prospects. Voici quelques exemples de l'utilisation d'un numéro de capture d'appel 800 sur les panneaux et dans les publicités, ainsi que quelques endroits auxquels vous n'avez peut-être pas encore pensé

Signeurs

Les agents immobiliers utilisent déjà leur numéro de capture d'appel 800 sur leurs pancartes pour capter des pistes. Pourquoi ne pas encourager les gens à vouloir vous parler aussi ? C'est formidable de pouvoir saisir les informations de l'appelant. C'est encore mieux si vous pouvez encourager l'appelant à vous contacter directement, sur-le-champ. Voici un moyen de faire entrer jusqu'à 1/3 des appelants dans votre système de capture d'appel 800 pour appuyer sur cette touche afin d'être connecté à vous. En incorporant la technologie et la psychologie dans vos cavaliers de signalisation, vous avez déjà réussi à faire composer le numéro gratuit à votre interlocuteur. Maintenant, pour qu'ils aient envie de vous parler, essayez cette technique simple. Une fois qu'ils ont entendu la brève description de la propriété, faites-leur savoir qu'en raison de l'évolution des conditions du marché, les informations sur le prix de cette propriété devront être mises à jour presque tous les jours. Plutôt que de réenregistrer les messages quotidiennement, faites-leur savoir qu'ils peuvent simplement appuyer sur "0" et que vous seriez heureux d'obtenir des informations sur les prix pour eux. C'est un moyen facile et non menaçant pour le prospect d'obtenir les informations qu'il recherche et pour vous d'avoir la possibilité de transformer ce prospect en client.

Annonces

Vous cherchez des vendeurs ? Les magazines Homes sont l'une des ressources les plus sous-utilisées pour attirer les vendeurs potentiels. Étonnamment, 21 % des personnes qui achètent le magazine Homes sont des personnes qui pensent à vendre leur maison. Dans une enquête réalisée par NAR, l'une des trois principales préoccupations des vendeurs est la suivante : "Comment l'agent va-t-il faire la publicité de ma maison ? Le fait de disposer de ces informations donne désormais à un agent averti deux moyens de saisir des pistes dans un magazine Homes. Les annonces standard, avec votre numéro de capture d'appel 800 indiqué avec la photo de votre propriété, sont conçues pour attirer les acheteurs, et maintenant une annonce totalement différente pour attirer les vendeurs. Avec votre annonce, vous voudrez offrir quelque chose de valeur, gratuitement, avec la liberté d'appeler à leur convenance, en sachant qu'ils n'auront pas à parler à un vendeur arrogant. Ouf ! Cela semble être beaucoup à accomplir ? C'est beaucoup plus facile qu'il n'y paraît quand on le décompose. Quelque chose de valeur- Une brochure qui partage les "choses que vous devez savoir avant de vendre votre maison" ; Gratuit- Un numéro gratuit pour que l'appelant n'ait pas à payer pour l'appel ; Appeler à sa convenance- Disponible 24 heures sur 24 ; Pas de vendeur arrogant- Informations enregistrées. En voici un exemple. "Vous pensez à vendre ? Appelez gratuitement, 24h/24 et 7j/7, des informations enregistrées sur les "10 choses que vous devez savoir avant de vendre votre maison" au 800-888-8888 poste 100. Ne ratez aucune occasion de profiter de la puissance de génération de plomb de votre système de capture d'appels 800.

Internet

La plupart des agents immobiliers disposent aujourd'hui d'un site web. Le problème est que leurs sites peuvent recevoir beaucoup de visites, mais très peu de pistes. Pourquoi ? Parce que la plupart des agents ne traitent pas leur site web comme les autres outils de marketing qu'ils emploient. Si vous attirez du trafic sur votre site web et que vous ne captez pas de pistes, à quoi cela sert-il ? Vous perdez votre temps et votre argent précieux. Le même concept que celui qui s'applique à votre autre marketing s'applique ici. Offrez aux prospects des informations précieuses, gratuitement, à leur convenance, sans la menace de devoir parler à un vendeur et vous génèrerez les pistes dont vous avez besoin. Cela peut se faire en deux temps sur un site web. Tout d'abord, prenez la même annonce que celle que vous utilisez dans un magazine Homes, par exemple, et mettez-la sur votre site web. Selon que vous essayez d'attirer des acheteurs ou des vendeurs, votre annonce proposera évidemment quelque chose de différent. Lorsque le prospect appelle, vous avez saisi son nom, son adresse, son numéro de téléphone et il a su qu'il était à la recherche d'une maison. S'il est vrai que les personnes qui surfent sur Internet ont tendance à être 12 à 24 mois plus éloignées du processus d'achat et de vente que celles qui consultent les petites annonces, vous ne voulez pas pour autant manquer totalement l'occasion d'obtenir leur entreprise lorsqu'elles sont prêtes. Deuxièmement, comme pour vos panneaux, assurez-vous de publier sur votre site web l'extension de votre numéro de capture d'appel 800 avec chaque propriété. Donnez les spécifications de la maison telles que le nombre de chambres et de salles de bain, la superficie en pieds carrés, la taille du terrain, etc. mais pour la visite audio complète, demandez à vos interlocuteurs d'appeler votre numéro de capture d'appel 800. Ne manquez aucune occasion de générer des pistes grâce à vos efforts.

Cartes de visite

Un autre outil de marketing sous-utilisé est votre carte de visite. La plupart des agents immobiliers sont prêts à distribuer leurs cartes de visite à toutes les personnes qu'ils rencontrent, mais combien de pistes réelles proviennent de tout ce papier qui change de mains ? Il est probable que le prospect la garde pendant une semaine environ et la jette ensuite. Alors comment éviter que votre carte ne finisse dans le fichier rond jusqu'à ce que vous puissiez en générer le plomb ? Donnez-lui de la valeur. Au verso de votre carte, imprimez une petite annonce qui propose votre rapport gratuit, disponible 24 heures sur 24 et 7 jours sur 7. Comme pour vos autres postes, vous y inscrirez le nom, l'adresse et le numéro de téléphone de chaque appelant. Les agents immobiliers qui utilisent leur numéro gratuit de capture d'appel sur leurs pancartes et leurs annonces partent du bon pied. Cependant, beaucoup ne réalisent pas qu'ils pourraient générer beaucoup plus de prospects en utilisant leur numéro de capture d'appel 800 sur tous les supports marketing dont ils disposent. La plupart des agents immobiliers disposent d'un site web et de cartes de visite, mais ils ne profitent pas des opportunités de génération de prospects qu'ils présentent. Le fait de disposer d'un système de capture des appels 800 vous permet de générer des pistes partout où vous pouvez mettre un numéro de téléphone. Veillez à optimiser votre système et à tirer pleinement parti de ses puissantes capacités de génération de prospects.

Augmenter les taux de conversion des pages compressées

La façon de dresser une liste pour une entreprise en ligne est la page de compression. Pour établir une liste, vous devez d'abord diriger le trafic vers une page conçue pour recueillir leurs coordonnées, ce qui est la chose pour laquelle les pages de compression sont prévues. Actuellement, l'âge du trafic vers cette page est un élément important, mais nous nous concentrons aujourd'hui sur les moyens de convertir au mieux les visiteurs qui arrivent sur vos pages de compression. Qu'est-ce que nous pouvons améliorer ? La mise en place de cette page permettra d'encourager l'invité à laisser les coordonnées que nous lui demandons.

Voici trois moyens qui vous aideront à augmenter le niveau de confort des visiteurs de vos pages de presse et à obtenir plus de sélections pour votre liste.

Personnaliser la page

Vous demandez aux visiteurs de laisser leurs coordonnées, il est donc logique que vous fassiez un effort pour leur dire quelle est votre identité. L'utilisation d'une simple image, d'une vidéo ou peut-être d'un message sonore de votre part servira à accroître la reconnaissance et la confiance de l'invité. Il faut qu'ils se sentent aussi à l'aise que possible pour qu'ils consentent à votre demande de leurs coordonnées.

Mise en page professionnelle

Actuellement, lorsque nous discutons d'un format "professionnel", cela ne veut pas dire qu'il faut dépenser de l'argent pour faire concevoir la page. Tout ce que l'on attend de vos pages de presse pour leur donner un aspect professionnel, c'est de limiter le nombre de teintes que vous y utilisez. Gardez le contenu sombre ou le moins sombre possible et gardez un fond blanc ou clair. De même, essayez de limiter l'utilisation des illustrations sur cette page afin de ne pas occuper les visiteurs du message qui est de laisser leurs coordonnées.

Offrir un cadeau gratuit

C'est l'incitation ou l'inspiration dont les visiteurs ont besoin pour faire leur choix avant de quitter la page. Les pages compressées sont conçues pour être brèves, de sorte que les visiteurs n'y resteront pas longtemps. Une bénédiction capte leur attention et les fait réfléchir à l'offre de laisser leurs coordonnées. Votre page de compression est l'outil le plus important dont vous disposez pour vous aider à établir une liste lorsque vous travaillez en ligne. Actuellement, la plupart des gens savent comment dresser une liste et comment cela vous encourage à accélérer le développement de votre entreprise. Nous nous concentrons ici sur la meilleure façon de configurer nos pages de compression pour augmenter le nombre de sélections que nous recevons des visiteurs. Les trois "techniques dont nous avons parlé aujourd'hui sont conçues pour rendre les visiteurs progressivement à l'aise et prêts à laisser les informations que nous demandons. En appliquant ces techniques, vous constaterez que vos visiteurs seront progressivement à l'aise et prêts à faire ce qui leur est demandé. Le produit final sera une liste beaucoup plus longue que vous pourrez commercialiser et dont vous pourrez tirer profit en travaillant en ligne.

ONT UNE STRATÉGIE DEEO.

L'optimisation pour les moteurs de recherche est une excellente approche à long terme pour générer un trafic ciblé vers le site web de votre entreprise. Vous ne remarquerez pas les résultats du jour au lendemain avec le référencement, mais vous pouvez augmenter le trafic au fil du temps et convertir les visiteurs en clients payants grâce à une stratégie solide.

Les stratégies de référencement sont utilisées principalement pour s'assurer que les sites web sont indexés par les moteurs de recherche et pour garantir que les moteurs de recherche affichent les sites web dans les résultats de recherche. Il existe diverses stratégies de référencement utilisées pour promouvoir les sites web et si certaines de ces stratégies sont recommandées par les experts en référencement, il vaut mieux ne pas en utiliser d'autres. Les paragraphes ci-dessous présentent certaines des stratégies de référencement les plus utilisées, ainsi que leurs avantages et leurs inconvénients.

La technique du chapeau blanc

La technique du chapeau blanc est la plus populaire parmi toutes les stratégies de référencement car ces techniques sont approuvées par les moteurs de recherche tels que Google et donnent des résultats en peu de temps. Parmi les méthodes d'optimisation d'un site web à l'aide de ces techniques, on peut citer l'utilisation de liens de retour authentiques, l'utilisation d'en-têtes optimisés par mot-clé, l'utilisation de pieds de page optimisés par mot-clé et l'utilisation d'un nombre limité de mots-clés dans le contenu du site web. Par exemple, les sites web qui publient des articles utilisent une densité de mots-clés de 1 à 2 %. Cela permet de s'assurer que les moteurs de recherche localisent les articles en repérant des mots clés dans les articles.

Les techniques du chapeau noir

Les techniques du chapeau noir sont évitées par tous les experts en SEO de renom, car ces stratégies de SEO font souvent que les sites web sont bannis ou mis sur la liste noire des moteurs de recherche. Ces techniques sont parfois utilisées par des personnes qui veulent obtenir des résultats "rapides" au lieu de résultats à long terme qui permettront d'obtenir une qualité au fil du temps. Il n'est pas conseillé de travailler avec des spécialistes qui utilisent de telles techniques, car votre site web sera probablement interdit et vous en subirez les conséquences pendant longtemps.

Techniques de chapeaux gris Bien qu'il ne soit pas recommandé d'utiliser des techniques de chapeaux gris, on peut affirmer que l'utilisation de ces techniques pour optimiser les sites web n'est pas non plus une erreur. Cependant, de nos jours, de nombreux moteurs de recherche sont devenus alertes et mettent sur liste noire les sites web qui utilisent abusivement cette technique particulière.

Conclusion La majorité des sociétés de référencement recommandées et réputées n'utilisent pas de stratégies de référencement "chapeau noir" et "chapeau gris" pour promouvoir des sites web. Au lieu de cela, les bonnes entreprises consacrent du temps à créer un bon contenu avec des liens authentiques pour promouvoir le site web sélectionné. N'oubliez pas que les stratégies de référencement ont pour but de vous aider à promouvoir votre site web et que la meilleure façon de le faire est de laisser votre site web se forger une bonne réputation en utilisant des stratégies de référencement approuvées. L'utilisation de techniques de chapeau noir ou de chapeau gris discutables ne peut que ternir la réputation de votre site web. Il est donc préférable de s'en tenir aux techniques de chapeau blanc qui garantissent un bon classement des pages et un véritable trafic Internet vers votre site.

COMMENT LES STRATÉGIES LOCALES DE LOCALISATION VOUS RAPPROCHENT D'UN PLUS GRAND NOMBRE DE CLIENTS

Beaucoup de professionnels qui acquièrent une expérience pratique dans le domaine de l'OMR négligent de comprendre les nombreux avantages que peuvent procurer les stratégies locales d'OMR pour soutenir leur image ou leur entreprise. L'internet a modifié la manière dont de nombreuses entreprises travaillent et beaucoup d'entre elles réexaminent leurs campagnes de marketing afin de pouvoir envelopper toutes les personnes qui s'inscrivent chaque jour dans le monde entier. Alors que de nombreuses bonnes vieilles entreprises dépensent encore la totalité de leur budget marketing pour les campagnes habituelles, de nombreux spécialistes en marketing utilisent actuellement l'optimisation des moteurs de recherche locaux pour une technique plus ciblée. Même si le fait d'être sur Internet peut vous permettre d'offrir vos produits à un grand nombre de personnes dans le monde entier, toutes ne souhaitent pas acheter auprès d'une entreprise qui est située le plus souvent dans le monde entier. Ce type de procédure ne concerne pas un grand nombre d'entreprises, en particulier les petites.

De nombreuses personnes sont encore à la recherche de fondations proches d'elles, et si elles recherchent un produit ou un service spécifique en ligne, elles indiqueront sans doute le nom de la ville où elles se trouvent actuellement. La procédure de référencement local la plus généralement utilisée consiste à utiliser le nom de votre entreprise, le type d'industrie ou de produit et le lieu comme mots-clés. Vous apparaîtrez sans aucun doute à des clients potentiels qui se trouvent dans votre région et qui sont à la recherche d'un type de service ou de produit pour lequel vous êtes sur le marché. Vous devez toujours indiquer l'emplacement physique de votre magasin, la ville, ainsi que votre code postal dans le titre de votre site web.

Cela permettra aux moteurs de recherche de classer votre site web de manière appropriée afin que vous puissiez apparaître sur les dix premières occurrences chaque fois que vos mots clés sont utilisés pour une recherche. Un autre système de référencement local qui est ignoré par de nombreux spécialistes du marketing sur Internet est l'utilisation de programmes guides. Le fait d'être inscrit à un tel programme vous aidera à figurer dans les premiers rangs d'une recherche, en particulier lorsque votre ville et votre code postal sont utilisés comme slogan. Si vous êtes un cuisinier qui vend des gâteaux, en utilisant un ensemble de mots-clés ordinaires, par exemple, acheter des gâteaux fera que votre client se retrouvera dans des pâtisseries partout dans le monde. Toutefois, si vous intégrez le nom de la ville où se situe votre magasin comme mot d'ordre, vous serez très probablement visible dans la recherche d'un service localisé. Vous devriez également envisager de vous inscrire dans les nombreux annuaires en ligne, car ils aideront les utilisateurs à vous trouver lorsqu'ils recherchent un domaine spécifique. Dans cette optique, il est très important de s'inscrire dans l'annuaire en ligne de Los Angeles si vous travaillez dans la région, car de plus en plus de locaux finiront par utiliser ce service pour trouver ce dont ils ont besoin.

N'oubliez jamais, lorsque vous faites du marketing sur Internet, que de nombreuses personnes recherchent un produit ou un service spécifique en ligne pour trouver ce dont elles ont besoin. S'il est tout aussi important de diffuser des promotions en ligne, les stratégies locales de référencement permettront en outre à vos clients potentiels de mieux vous contacter car ils recherchent également activement une entreprise à laquelle ils peuvent s'adresser pour leurs besoins. Mettez en œuvre vos stratégies de marketing sur Internet avec un référencement localisé pour permettre à votre entreprise de montrer des signes de résultats d'amélioration en ligne.

Comment les "stratégies d'optimisation des moteurs de recherche" peuvent vous aider à augmenter vos marges bénéficiaires

Les stratégies de référencement ont été utilisées par des entrepreneurs pour commercialiser efficacement une entreprise en ligne. À l'heure actuelle, les méthodes efficaces d'amélioration des moteurs de recherche sont considérées comme fondamentales pour que votre entreprise gagne de l'argent en ligne. Si de nombreux spécialistes des sites web consacrent de longues périodes de travail au format, à la conception et à la structure de leur site, beaucoup oublient l'élément le plus fondamental pour la réussite d'une entreprise.

Beaucoup pensent que pour gagner de l'argent en ligne, il existe une stratégie secrète qui vous permettra de gagner un salaire constant. Ce que vous ne réalisez peut-être pas, c'est que ce secret n'est pas vraiment un secret, loin de là. L'énorme secret de la construction de toute porte ouverte en ligne est l'efficacité, et les méthodes de la façon dont vous comptez commercialiser votre activité sur le net. Vous pouvez avoir un excellent site web, avec des techniques de conversion élevées, mais si vous ne le commercialisez pas correctement, vous n'obtiendrez pas les revenus globaux que vous pouvez escompter.

Réaliser les meilleures stratégies de référencement possibles pour toute entreprise en ligne est l'une des stratégies marketing les plus utilisées. Les propriétaires d'entreprises essaient d'apprendre à tirer profit des stratégies d'optimisation des moteurs de recherche pour leurs produits et services. La réaction est énorme, car cela permet de faire passer leurs affaires avant leur public cible, sans que cela ne leur coûte des milliers de dollars pour atteindre cet objectif. Alors que les coûts de marketing continuent à augmenter en ligne, le référencement est une stratégie qui est suggérée pour offrir des conversions élevées, tout en maintenant un coût de marketing gratuit. Bien que le référencement soit gratuit, je voudrais vous donner une alerte, même si le référencement est gratuit, il nécessitera un certain investissement de votre part pour l'exécuter correctement. Si vous êtes un novice en matière de marketing en ligne, le référencement peut sembler gênant et déroutant. Si vous devez commencer à utiliser des stratégies de référencement pour votre commerce en ligne, vos produits ou vos services, il existe des étapes simples pour vous permettre de commencer à atteindre le trafic ciblé que vous souhaitez.

Stratégies de référencement pour un trafic ciblé sur les moteurs de recherche

1. Étude de marché et recherche de mots-clés - Cette étape est essentielle et aura un impact direct sur le reste de vos stratégies de référencement. Vous devez connaître votre clientèle et choisir les bons mots-clés. Cela vous aidera à vous mettre en face de votre public cible. Pour vous faciliter cette étape, faites une étude de marché. Où se trouve votre concurrence ? Quelle est la clientèle que vous attirez ? Établissez réellement une base de qui achèterait chez vous, puis faites une liste de mots-clés qu'ils taperaient dans les moteurs de recherche pour vous trouver. Les mots clés sont un mot ou une signification similaire à ce que vous proposez également ; par exemple, un concessionnaire automobile ne choisirait pas seulement son nom comme mot clé, mais aussi la concession automobile de sa région comme mot clé, car lorsque les gens se connecteraient en ligne et taperaient les concessions automobiles de leur région, vous voudriez être trouvé dans les moteurs de recherche. Les mots-clés sont essentiels pour générer le trafic adéquat sur votre site web. Il est très important que vos mots-clés soient en rapport avec ce que vous promouvez. Les araignées des moteurs de recherche peuvent en effet pénaliser votre site pour des mots-clés qui ne sont pas liés à votre marché.

2. Maintenant que vous avez sélectionné vos mots-clés, la prochaine étape consistera à optimiser votre site web en fonction des mots-clés choisis. Deux endroits très

importants où vous devez toujours avoir votre mot-clé se trouvent dans votre titre ainsi que votre nom de domaine.

3. Le lien et le lien retour sont deux stratégies de référencement très importantes - C'est une étape importante pour faire monter votre site web dans les moteurs de recherche. Un des grands avantages des liens est que non seulement ils vous aideront à attirer davantage de visiteurs sur votre site, mais ils sont aussi comme des néons invisibles qui dirigent et attirent le trafic vers votre site web, qui cherche ce que vous avez à offrir. Elle peut devenir extrêmement virale en augmentant le nombre de visiteurs de votre site web. Maintenant, une partie importante de la création de liens est que le contenu avec lequel vous créez un lien est lié aux informations sur votre site web. Une façon de s'assurer que le bon contenu est maintenu, est de créer des liens avec le contenu précédent que vous soumettez régulièrement aux moteurs de recherche comme les communiqués de presse, les articles, les blogs et les vidéos.

 4. Maintenant que vous avez mis en place un grand nombre d'optimisations, une autre stratégie de référencement qui est importante est de mettre constamment à jour votre contenu. Lors de la mise en place des bases du référencement, il est très important de se concentrer sur un ou deux mots-clés à la fois. Trop de focus sur plusieurs mots-clés différents en même temps peut entraîner une perte de crédit auprès du moteur de recherche. Les araignées des moteurs de recherche sont assez pointues en ce sens qu'elles peuvent détecter une surabondance de mots-clés inutiles et vous pouvez en fait perdre des crédits pour cela aussi. La mise en place d'une solide stratégie de référencement pour votre site web est l'une des stratégies de marketing les plus négligées, mais elle continue de détenir les taux de conversion les plus élevés en ligne. Lorsque vous envisagez vos stratégies de référencement, le meilleur plan de match est d'être cohérent et d'offrir un contenu pertinent non seulement pour les moteurs de recherche mais aussi pour vos clients.

Comment mettre en œuvre une stratégie de référencement

Le processus de référencement n'est pas si facile car de nombreux facteurs entrent en jeu. Si vous faites la promotion d'un site web auquel personne n'est disposé à se connecter, vous pouvez être sûr que ce site sera condamné. À quoi sert un bon contenu si personne ne le voit jamais ? C'est pourquoi les propriétaires de sites web optent pour une stratégie de référencement. Le processus de référencement prend du temps et il faut de la patience pour voir le résultat final. N'oubliez pas que les moteurs de recherche sont assez lents et que si vous pensez que tous les changements que vous avez apportés à votre site web vous permettront d'obtenir immédiatement un bon classement, vous risquez d'être très déçu.

La mise en œuvre d'une stratégie de référencement n'est pas seulement une question de patience. La mise en œuvre d'une stratégie d'optimisation des performances environnementales comporte de nombreuses étapes. La première et principale étape de votre stratégie de référencement doit être d'avoir un contenu unique pour votre site web. Ce devrait être quelque chose qu'aucun autre site web n'a à offrir.

Le contenu unique doit être présenté de la meilleure façon possible et, bien entendu, il doit être de haute qualité. L'obtention de liens vers votre site web est un élément important de la stratégie de référencement. Cela n'est possible que si vous avez un contenu unique et de haute qualité.

Votre objectif devrait être de nouer des alliances avec des sites web qui sont mieux classés que vous. Votre site web doit être formaté de manière à faciliter les liens. Cela signifie que lorsque vous placez des annonces, faites attention à ne pas placer de pop-ups et d'annonces qui fragmentent le contenu de la page. Personne ne voudrait faire un lien vers votre page, même si vous avez un contenu de haute qualité, si les annonces deviennent une nuisance. Alors, faites attention.

 Ayez toujours un plan de monétisation pour votre site web. Si vous avez un contenu de bonne qualité et qu'il est unique, il ne devrait pas être si difficile de monétiser votre site web. C'est un élément important car vous dépensez de l'argent pour l'hébergement et le développement de votre site web. Vous pourriez également payer un professionnel du référencement pour optimiser votre site pour certains mots-clés. Tout cela doit être pris en compte. Une fois que vous avez mis en place votre stratégie de référencement, vous êtes prêt à commencer votre campagne de référencement.

Comment élaborer une stratégie d'optimisation des moteurs de recherche gagnante

Il est probable qu'un plat sans sel est ennuyeux et comparatif ; un site web sans référencement est inutile. Dans cette optique, tout spécialiste du marketing devrait exiger une stratégie d'optimisation des moteurs de recherche qui permette de gagner la féroce rivalité du marché. Il vous permet non seulement de vous positionner sur Google, Yahoo et Bing, mais aussi de générer plus de trafic vers votre site web. Une société de conception de sites web qui offre des services de marketing sur Internet peut vous aider dans ce domaine. Il semble pourtant très précaire lorsque vous commencez à travailler dessus. Vous en arrivez donc à savoir qu'il ne s'agit que d'une progression d'étapes essentielles, alors que vous devez travailler pour obtenir des résultats. Voici quelques conseils simples qui vous aideront à élaborer une stratégie de référencement gagnante pour votre entreprise. Regardez en bas et prenez des pensées à exécuter.

Fixez un objectif :

La chose la plus importante que vous devez toujours faire est de vous fixer un objectif. Cela peut vous indiquer où vous êtes et où vous devez vous rendre, et vous pouvez donc agir de la même manière. Avoir un objectif est très important pour le succès de votre référencement.

Faites une liste de mots-clés :

Un mot-clé est probablement très important pour votre stratégie de référencement. Si vous négligez son pouvoir pour votre entreprise et que vous essayez donc de conduire un véhicule sans diesel. Vous devez donc créer une liste de mots-clés identifiés avec les produits et services que vous proposez et trouver des variétés ou choisir le mot-clé de haut rang. Il existe un nombre si important d'instruments d'organisation de mots-clés disponibles sur Internet que cela vous encourage à choisir le bon mot-clé.

Créer un contenu de qualité :

Le contenu est le cœur de votre stratégie de référencement. Il aide Google ou un autre moteur de recherche à explorer vos informations et à améliorer son classement. Ainsi, vous devriez légitimement envisager la création d'un contenu unique pour votre site web ou votre blog afin de générer une augmentation du trafic et de gagner votre stratégie comme un expert. Structure de la page et de l'extérieur de la page : Une stratégie de référencement gagnante est inadéquate si elle n'est pas accompagnée d'un avancement sur la page et hors de la page. Ainsi, n'oubliez pas que votre arrangement doit atteindre l'objectif de manière efficace et productive.

Surveillez vos données et vos résultats : Aucune stratégie ne vous donne le résultat tant que vous n'avez pas fait preuve d'autorité sur elle. C'est parce que l'organisation est insignifiante sans contrôle. Dans cette optique, vous devez contrôler vos informations et vos résultats avant de faire un pas de plus. C'est tout ce qu'il faut faire pour mettre en place une stratégie de référencement gagnante. Si vous avez besoin d'une aide supplémentaire, vous pouvez conseiller une société d'optimisation des moteurs de recherche qui, selon la rumeur, dépasse les attentes du marché grâce à ses services d'optimisation des moteurs de recherche professionnels et axés sur les résultats.

Une stratégie de référencement pour les cabinets de conseil

Il est difficile d'offrir des services de conseil aux moteurs de recherche sur Internet, car les moteurs de recherche se classent en fonction de la notoriété et du contenu unique, original et centré. Selon toute probabilité, les clients et les concurrents ne se connecteront pas au site web d'une société de conseil. Où donc accroître l'ubiquité des connexions thématiques ? Les connexions de l'assemblée locale du commerce en plus de quelques répertoires Web ne sont pas suffisantes.

La formation d'un contenu unique et original est la question importante qui en découle. Le consultant ne peut généralement pas révéler de détails sur les entreprises de conseil, de même que chaque tâche a un centre alternatif, donc sans histoires intrigantes il n'y a rien à écrire ?

Pause ! Les vastes capacités du consultant ainsi que ses connaissances et son expérience approfondies devraient permettre de créer quelques pages de contenu. Pas tant que cela, la plupart des consultants sont réticents à diffuser des informations qui pourraient être vendues dans un avenir pas si lointain. En fait, les déclarations d'intention, les rêves et les tentatives comparables de sceller l'accord qui dépendent d'un nombre limité de maximes n'attireront pas le trafic automobile de recherche naturelle. Il existe un nombre si important de façons de féliciter une société de conseil, qu'aucune d'entre elles n'est plus unique. Les listes des moteurs de recherche sont submergées de variétés de l'équivalent ; peu importe le blabla, ils y pensent (presque) en copiant le contenu, et refusent de livrer les pages Web du consultant sur leurs premières pages de résultats de recherche (SERP). Comment sortir du dilemme ? Vous devez vraiment arriver à ce que les clients potentiels interrogent leur moteur de recherche préféré avec des questions comme [comment pourrais-je atteindre l'objectif d'insertion dans un magasin d'insertion] ou [quel est précisément "votre sujet extraordinaire ici" et comment pourrais-je le réaliser]. Vous ne pouvez pas attirer ce trafic de moteurs de recherche profondément ciblé en centrant sur votre site web des phrases telles que "nos consultants en gestion d'entreprise sont des consultants en gestion talentueux qui ont une expérience conjointe étendue acquise dès les premières adresses". Les utilisateurs du moteur de recherche ne recherchent pas la façon de penser d'un consultant ou son parcours universitaire. Ils recherchent des réponses à des questions particulières et utilisent des requêtes de recherche communes tout comme des termes spécifiques à l'industrie, y compris les marques et les formulaires abrégés.

Si vous ne changez pas d'avis, ces clients potentiels ne rejoindront jamais votre clientèle. Vous devriez donner d'énormes quantités de gratuités pour convertir le trafic des moteurs de recherche. Vous devriez garnir votre site web d'informations importantes, par exemple des bases d'information, des exercices et des aides pédagogiques de premier ordre, des réflexions de cas (anonymes), des articles et des livres blancs modernes, des appareils gratuits tels que des listes de contrôle ou des feuilles de calcul, des services en ligne tels que KPMG's Alumni ou des briefings hebdomadaires sur les frais... soyez créatif dans la transmission de tous vos secrets d'affaires.

En fait, en dehors de vos finances et de ce genre de choses, vous ne pouvez pas révéler des secrets d'affaires essentiels, au motif que la panoplie d'un consultant comprend des informations qui sont disponibles pour les gens en général (même lorsqu'elles sont couvertes dans les bibliothèques universitaires ou les périodiques en ligne), un bon jugement et de l'expérience. La diffusion d'informations relatives à l'expérience de consultation - en appliquant chacune des expressions que les utilisateurs du moteur de recherche peuvent rechercher - ne fera pas de l'utilisateur un consultant décent, mais elle satisfera l'esprit du lecteur. Les visiteurs satisfaits sont plus susceptibles d'acheter vos canaux RSS ou vos bulletins d'information et de mettre vos pages web en signet. Il y a de fortes chances qu'un visiteur répétitif s'habitue à votre site en utilisant votre structure de demande de service - ou à tout le moins la page de contact - à un moment donné.

Par-dessus tout, la distribution en ligne est une excellente méthode pour se faire connaître comme spécialiste d'un sujet, ce qui conduit à une plus grande notoriété, et la prévalence sur Internet s'exprime par l'amour des liens. Un contenu extraordinaire associé à la puissance de l'amour des liens - qui se gagne normalement par les liens entrants - conduit à un trafic de moteurs de recherche agréablement ciblé. Il n'y a pas de mal à conseiller un analyseur de moteur de recherche avisé pour calibrer votre stratégie de référencement, et pour traiter les points de vue spécialisés comme l'explorabilité (info) et l'organisation du site web (info), mais en gros, un développeur/concepteur web décent aura la possibilité de faire valoir vos considérations sur le World Wide Web.

CRÉER UNE CONTROVERSE

Mark at Tiger m'a révélé l'histoire d'un consultant local en design, nommé Justin, qui a adopté une stratégie controversée pour obtenir un autre client.

Justin a trouvé une entreprise dans son pays d'origine, la Nouvelle-Zélande, qui, selon lui, pourrait profiter de ses services. Il a alors acheté la bière la plus merdique de Nouvelle-Zélande et a rendu visite au commandement central de la compagnie. Il s'est promené dans le bureau du PDG, a placé la bière dans son espace de travail et a déclaré : "Cette lager ressemble à votre site web... elle est agréable à l'extérieur, mais suggère une saveur comme le caca pur et simple." Après un discours, le PDG a donné son accord, et Justin est parti avec un accord pour travailler sur le site web de l'entreprise.

Il ne s'agit là que d'un cas de création de controverse déconnectée, mais qui peut certainement être imité en ligne. Unbounce a également écrit un excellent article sur l'étude des contenus controversés.

Au cas où vous adopteriez une stratégie comparable, assurez-vous de ne pas aller trop loin en accomplissant quelque chose de blessant ou d'illicite.

Créer une controverse dans le marketing par courriel

Pour la campagne de marketing par courrier électronique d'une société d'investissement, quel est, selon vous, le sujet le plus efficace ? "Tu ne seras jamais aussi riche que Warren Buffet à moins que..." ou "Tu pourrais être le prochain Warren Buffet." Je vais dire au début... je ne sais pas. Je n'ai pas fait de campagne par courriel pour une lettre d'information sur les investissements... comme The Motley Fool... mais j'espère que quelqu'un... ou une organisation... prendra ces deux sujets et les utilisera. PAS DE FRAIS. Ici et maintenant, je donne la permission à toute entité d'investissement qui dispose d'une liste d'adresses électroniques, d'essayer ces lignes d'objet. Je veux savoir ce qui fonctionne le mieux. Je vais même écrire le contenu du courriel... si je reçois un client de l'entreprise d'investissement avant que quelqu'un d'autre ne saisisse l'idée.

Mais je crois savoir quel est le sujet gagnant. Et vous ? Quelle a été votre première réaction ?

Je pense que le gagnant sera sans conteste : "Tu ne seras jamais aussi riche que Warren Buffet à moins que..." Voici pourquoi :

son sujet suscite la controverse. Cela crée des conflits internes. La plupart des gens ne croient tout simplement pas qu'il soit possible d'être aussi riche que Warren Buffet. Fait. Au niveau du subconscient, il y a sans aucun doute beaucoup de vieux programmes qui expliquent pourquoi vous n'êtes pas riche maintenant... comme "L'argent est la racine de tout mal, vous ne pouvez pas l'emporter avec vous (quand vous mourrez), peu importe à quel point vous serrez votre argent dans vos bras, il ne vous serre jamais en retour..." et beaucoup d'autres choses que vous avez sans doute entendues sur l'argent en grandissant. Le fait est qu'il y a beaucoup d'associations négatives avec le fait d'avoir beaucoup d'argent. Par conséquent, votre conviction que vous devriez être pauvre... ou beaucoup plus pauvre que Warren Buffet... est plus forte que votre conviction que vous devriez être riche... aussi riche ou plus riche que Warren Buffet. Maintenant, regardez autour de vous. Même si vous n'êtes pas vraiment pauvre, êtes-vous toujours de la classe moyenne... ou de la classe moyenne supérieure ? Est-ce que votre expérience actuelle soutient la partie consciente de votre système de croyance qui dit aussi "c'est un fait" que vous ne serez jamais aussi riche que Warren Buffet. Voici le coup de pied, cependant, dans ce sujet... "...à moins que..." Ce seul mot, "à moins que", suivi des trois points, fait deux choses :

Elle puise dans la partie centrale de l'expérience humaine... l'espoir. L'espoir se concentre sur des objectifs spécifiques. Dans ce cas, le mot "à moins que" déclenche l'émotion de l'espoir, car "à moins que" suggère que si vous faites... quelque chose...

Aha. Une fois que vous avez vu les trois points, vous avez voulu terminer cette pensée, n'est-ce pas ? "à moins que..." ce qui suit, vous voulez savoir. Quelle condition devez-vous remplir pour changer cette certitude que vous ne serez pas aussi riche que M. Buffet ? Les trois points à la fin de la phrase vous disent qu'il y a plus... et que vous voulez savoir ce que c'est.

Pourquoi cela crée-t-il un taux d'ouverture plus élevé que "Vous pourriez être le prochain Warren Buffet" ?

Eh bien, ma théorie, et je suis prêt à parier que les résultats le confirmeront, est que ce sujet déclenchera toutes vos croyances subconscientes négatives que cela ne peut pas arriver, et n'arrivera pas. Par conséquent, la pensée reste négative et le courriel est soit jeté, soit laissé sans être ouvert. Sans l'ajout du mot "à moins que" pour créer de l'espoir, suivi des trois points pour déclencher inconsciemment votre besoin de compléter la pensée, vous serez bloqué. Tout vieux programme subconscient que vous avez sur les maux de la richesse... ou votre indignité d'être riche... ou ce seau entier de "trucs" que vous emballez (avec le reste d'entre nous), maintiendra vos croyances en place. Sans voir l'espoir, il est peu probable que vous ouvriez ce courriel.

La controverse sur le marketing par courriel peut créer, et crée, de l'attention. Si elle indique un point négatif, retournez-la... pour donner de l'espoir. Indiquer ce qui est... et ce qui pourrait être.

Marketing sur Internet - La clause de controverse

À l'été 2008, un éminent scientifique australien a désavoué sa croyance dans la science du réchauffement climatique. Non, ce n'est pas un article sur le réchauffement climatique, mais je parie que cette première phrase vous a fait dire : "Voilà un scientifique sensé" ou "Cet homme ne comprend apparemment pas vraiment la science". J'imagine qu'il y a très peu de personnes qui sont neutres sur la question.

Après tout, vous pouvez trouver une pléthore de sites consacrés à tout ce qui est vert et il existe un nombre important de sites qui exprimeront des opinions suggérant que l'idée du réchauffement climatique est hypothéquée par les scientifiques qui veulent simplement des subventions, et c'est le sujet des fonds à la mode en ce moment. À des fins de marketing, il peut ne pas être important de savoir quel côté de l'argument vous pourriez accepter. Vous voyez que la question du réchauffement climatique est l'un des nombreux sujets d'actualité et si vous pouvez présenter des articles liés à un sujet d'actualité qui a un lien avec votre site, vous trouverez peut-être un nombre croissant de personnes qui viendront sur votre site juste pour augmenter un peu leur tension artérielle. Il faut se rendre à l'évidence, la controverse fait vendre. Vous pouvez en tirer profit dans un blog, un forum ou un flux RSS (Real Simple Syndication). Vous pouvez prendre parti et ne présenter que des informations de votre côté, mais vous aurez peut-être une meilleure discussion globale si vous présentez des nouvelles des deux côtés d'une question controversée. Veillez à présenter les informations sans parti pris personnel dans la mesure du possible. Bien que si vous devez être partial, il est presque logique d'être extrêmement partial. Cela peut également créer des controverses et des visites. Donnez à vos invités la possibilité de faire des commentaires. Ces commentaires sont souvent suffisants pour ramener les visiteurs au même sujet et leur permettre de lire ce que d'autres ont à dire sur le sujet. La controverse pourrait bien se trouver dans les commentaires. Tant qu'ils reviennent, assurez-vous qu'ils disposent d'un grand nombre de liens publicitaires Pay Per Click (PPC) parmi lesquels choisir. C'est exactement comme cela que la plupart des blogs à succès deviennent des succès. Ils trouvent un moyen d'atteindre les questions qui intéressent vraiment les gens et alimentent ensuite ce blog en informations pertinentes de manière à ce que les clients reviennent. Je suis tombé sur un cuisinier végétarien qui a un blog incroyablement populaire. Le propriétaire fournit des recettes artisanales avec des photos. La liste des commentaires de pratiquement tous les billets est phénoménale. Beaucoup se disent prêts à essayer l'idée tandis que d'autres prennent le temps de cuisiner ou de faire cuire la recette et commentent ensuite ce qu'ils ont aimé ou pas dans le plat. Vous ne pensez peut-être pas que ce type de blog susciterait autant d'intérêt, mais il éclipse de loin la plupart des commentaires de blog. La clé de toute section d'information sur votre site est d'être cohérente, pertinente et extrêmement fraîche. Il est également utile de pouvoir rendre le matériel original dans la mesure du possible. Certains propriétaires de sites ou de blogs font appel à des rédacteurs indépendants pour les aider à susciter un intérêt constant pour les contenus nouveaux et ils constatent que les résidus de la publicité PPC font plus que compenser les coûts de création des contenus. La controverse et l'originalité font que votre contenu suscite un intérêt régulier.

La controverse est probablement le moyen le plus idéal de conclure des accords. La controverse crée deux sortes d'intrigues. Négatif et positif. De plus, les deux types d'intrigues se combinent pour vous faire gagner de l'argent. Comment exactement.... En effet, nous devrions faire un modèle rapide. Personne N et personne P. La personne P aime ce que vous avez écrit et peut s'identifier directement à ce que vous avez dit. La personne N croit alors à nouveau que vous êtes un déprimant répugnant débordant de convictions folles. La personne P et la personne N font toutes deux des remarques sur votre écriture. Ils lisent tous les autres commentaires et ils sont aggravés par ces commentaires. Ainsi, ils déclenchent un choc de mots en arrière et en avant, en fonction de ce que vous deviez dire ! Actuellement, viennent les personnes S, V et C. Elles incluent leurs commentaires et favorisent un côté du privilège de qui et un autre côté de la base. A ce stade, d'autres commentaires viennent s'ajouter. Ainsi, le ciel est la limite à partir de là, et le ciel est la limite à partir de là. De plus, si vous vendez quelque chose qui développe votre postulat sous-jacent, vous obtiendrez à la fois ceux qui détestent ce que vous aviez besoin d'énoncer, et qui l'aiment, en achetant votre produit. Les personnes négatives auront besoin d'une confirmation supplémentaire que vous êtes un idiot complet, tandis que les personnes positives devront apprendre progressivement ce que vous instruisez ou dites. Chaque jour, un grand nombre de personnes se retrouvent sur Internet et ont quelque chose à dire. Ils le feront sans doute par écrit. Que ce soit par le biais d'un article, d'un courriel ou d'un blog. Le "coup" consiste à rendre ce que vous examinez controversé par le biais de vos écrits.

N'épuisez pas. Cela n'accomplira rien pour vous. L'enthousiasme est la clé de voûte de la création de la controverse. Si vous avez vécu une expérience horrible avec quelqu'un d'autre, informez les gens à ce sujet. Si vous aimez vraiment un produit ou une personne en particulier, informez les gens à son sujet. Pourtant, soyez certain que vos écrits peuvent transmettre l'énergie que vous ressentez, qu'elle soit négative ou positive. Si vous créez effectivement une controverse par vos écrits, un grand nombre de personnes qui le liront aimeront ce que vous avez à dire ou le détesteront. En tout cas, ils en parleront. De plus, si vous leur donnez l'occasion de faire connaître leurs sentiments, vous en tirerez plus de profits ! Quoi qu'il en soit, pour utiliser la controverse, il faut se contenter de rester ferme sur un sujet précis. Aucun commentaire "indécis" ne fera l'affaire. Si tu mets les gens en colère, BONNE ! En tout cas, ne reculez pas devant vos suppositions. Cela annule totalement l'intérêt d'utiliser cette stratégie. Si peu de gens n'aiment pas ce que vous dites, qui s'en soucie ? En tout cas, vous avez eu le courage de défendre ce que vous croyez et de l'affirmer. C'est d'ailleurs le point qui sera abordé par ceux qui aiment vos écrits.

JE SAIS POUR FAIRE que ça marche. Imprint Hendricks est un exemple vivant de cette cascade désordonnée. Il utilise la controverse dans ses écrits et réalise des profits gigantesques sur les résidus qu'il travaille.

Quelques personnes le détestent.

Quelques personnes l'aiment.

Le facteur amour-haine ne fait cependant pas vraiment de différence. Ce qui compte, c'est que les gens lisent attentivement ce qu'il doit dire. De plus, ils sont à l'écoute. De plus, ils ACHETENT. Un autre modèle fantastique est celui d'un certain Stuart Halpryn. Il crée la controverse par la mesure de l'argent qu'il fait payer pour les produits qu'il vend. Il dit à ses lecteurs qu'il est directement responsable d'avoir énervé différents commerçants en faisant payer des prix très bas à ses clients pour leurs produits. Et en plus, ça marche ! Il gagne beaucoup d'argent en utilisant la controverse. L'idée de cette stratégie est d'exprimer vos vraies pensées, d'envoyer un flash et de le voir se transformer en un feu de forêt !

Vous voulez vendre plus de produits - Utilisez la controverse

Lorsque Dan Brown a publié son livre, "Le Code Davinci", les chrétiens étaient en armes. Après tout, Brown avait effectivement réécrit deux mille ans d'histoire chrétienne en affirmant que Jésus-Christ avait été marié. Que vous choisissiez de le croire ou non est vraiment sans importance pour cet article. Personnellement, en tant que chrétienne, je n'ai rien vu qui puisse me mettre dans tous mes états.

En fait, la stratégie de Brown était brillante. Qui sait s'il croit vraiment ce qu'il dit ? La ligne de fond est la ligne de fond. En tant que commercial, j'ai trouvé qu'il était facile de voir à travers le stratagème de Brown. En créant une controverse autour de son livre, il a vendu plus de 46 000 000 d'exemplaires du "Code Davinci". Maintenant, il rit jusqu'à la banque.

Ecrire sur des sujets controversés n'est pas nouveau. Le recours à la controverse pour promouvoir vos produits et services n'est pas nouveau non plus. Le sujet sur lequel Brown a choisi d'écrire avait déjà été traité auparavant. Un bon exemple est un livre de Robert Ludlum. En 1976, Robert Ludlum a publié "Les prétendants aux Gémeaux". Ludlum a proposé un évangile alternatif, écrit par l'un des disciples de Jésus. S'il est récupéré par les nazis, cet évangile alternatif pourrait détruire le monde allié et mener les nazis à la victoire. Mais ce que Ludlum n'a pas fait, c'est réécrire l'histoire. Il a utilisé des événements réels tels qu'ils sont décrits dans les livres d'histoire courants.

Ludlum n'a pas non plus cherché à offenser qui que ce soit. Il racontait une histoire, pure et simple.

Qu'est-ce que cela a à voir avec la controverse ?

 Beaucoup. Elle peut faire la différence entre un produit à succès et un super produit à succès. Cela peut signifier des milliers, voire des millions de dollars de différence dans les ventes. Récemment, de nombreux produits ont été commercialisés sur Internet en utilisant la controverse comme principal argument de vente. Le problème est que beaucoup de ces produits n'ont pas été à la hauteur du battage médiatique. Le véritable secret de la controverse est l'opportunité. Vous voulez également être à la hauteur du battage que vous ferez lors du lancement de votre produit. La grande question demeure : comment y parvenir ? D'abord, faites vos devoirs. Quel que soit votre secteur d'activité, vous pouvez faire quelques recherches et découvrir les dernières tendances. Faites une recherche sur Amazon et découvrez quels livres sur votre sujet sont à la mode. Etudiez attentivement ces livres. Lisez la table des matières, les critiques et toute autre information que vous pouvez trouver. Ensuite, faites une recherche sur un site d'information sur Google, Yahoo ou MSN. Saisissez vos termes de recherche entre guillemets pour rendre votre recherche plus efficace. Découvrez ce qui est écrit sur votre sujet. Vous pouvez également rechercher des sites de communiqués de presse comme PR Web. L'avantage de la recherche sur un portail de relations publiques est que vous pouvez voir ce que d'autres entreprises disent d'elles-mêmes. Les communiqués de presse sont censés être des informations sur une entreprise, mais ils sont toujours rédigés dans une optique commerciale particulière.

Pour créer une controverse, il faut un autre point de vue. Voici un exemple : Avec le livre de Dan Brown, il a choisi d'aller à l'encontre de 2 000 ans de ce qui était considéré comme une sagesse conventionnelle par les chrétiens. Il a offert un point de vue historique différent de l'histoire, et il a choisi de fonder son histoire sur ce point de vue différent.

Cela a fonctionné. Ses ventes le prouvent.

Le point de vue controversé n'est souvent pas le point de vue le plus populaire de l'époque, mais cela ne veut pas dire qu'il est faux, ou moins que cela parce qu'il n'est pas le point de vue le plus populaire. Le roi Salomon a dit un jour : "Il n'y a rien de nouveau sous le soleil". Je crois que c'est vrai. Il n'y a pas de véritables secrets, seulement des principes qui fonctionnent. Créer la controverse est un point de vue qui fonctionne.

Créer la controverse est un principe intemporel que vous pouvez utiliser pour vendre vos produits et services. Vous devez vous assurer que votre produit est à la hauteur du battage que vous créez. Vous vendrez plus de produits de cette façon

La controverse est-elle un gage de réussite ?

Certaines personnes pensent que toute nouvelle est une bonne nouvelle. En utilisant ce concept, ils créeront une controverse ou embrasseront volontiers toute controverse autour d'eux. Certaines entreprises l'utilisent dans l'espoir de réussir.

Puis-je utiliser la controverse pour réussir ?

Malheureusement, le problème de la création de conflits pour créer des nouvelles ne signifie pas que le public vous embrassera. Pire encore, selon le sujet controversé que vous utilisez, vous risquez de perdre vos acheteurs. Vos acheteurs sont ceux qui peuvent soit maintenir votre entreprise en activité, soit la tuer.

Et si le public aime la controverse ?

Peut-être avez-vous tiré sur un éléphant et mis en ligne une vidéo violente. Peut-être avez-vous tourné une publicité qui se moque de quelqu'un. Peu importe que la majorité du monde aime la vidéo controversée si la majorité des acheteurs cessent de l'acheter. Si vos acheteurs cessent de vous acheter, vous êtes en faillite, peut-être pas aujourd'hui, ni demain, mais vous finirez par l'être.

Pourquoi cela a-t-il fonctionné pour telle ou telle entreprise ?

Peut-être qu'une majorité du public a voté contre la publicité. Il y a quelques années, Quiznos avait une vidéo avec des personnages bizarres. La majorité du public était contre les publicités, mais les gens continuaient à acheter chez Quiznos. Les acheteurs sont restés, et lorsque les acheteurs ont décidé qu'ils en avaient assez de la publicité et ont cessé d'acheter, Quiznos a abandonné la publicité.

Quelle est la différence ?

N'oubliez pas que le seul vote qui compte est celui du portefeuille. Si vos acheteurs aiment ce que vous faites. Continuez à le faire. Si vos acheteurs détestent ce que vous faites, ils vous arracheront leur portefeuille. Ils iront voter ailleurs, et comme leur portefeuille va ailleurs, vos gains aussi. Et si je connais la différence entre une bonne et une mauvaise controverse ? La ligne de démarcation entre une bonne et une mauvaise controverse est très mince. Ce qui a pu fonctionner la dernière fois peut ne pas fonctionner cette fois-ci. Ce que les gens ont trouvé acceptable la semaine dernière peut ne plus l'être aujourd'hui. Les sujets controversés sont une ligne dans le sable. Une publicité faisant des blagues sur les intempéries violentes ne sera pas bonne lorsque le temps détruit les maisons et la vie de vos acheteurs ou des personnes que vos acheteurs connaissent. **Mais que se passe-t-il si ma controverse est standard ?**

Les publicités de type "sex sells" peuvent atteindre un point que les acheteurs disent être la goutte d'eau qui fait déborder le vase. Il existe des marchés où vous pouvez utiliser quelque chose pendant un certain temps, mais une fois la saturation atteinte, les acheteurs s'en vont. Parce que d'autres personnes qui n'étaient pas des acheteurs ont regardé ce qui se passe et ont désapprouvé avant maintenant, ils ne changeront pas d'équipe pour vous. Vous leur avez également fourni des preuves supplémentaires pour qu'ils proclament à quel point votre entreprise est mauvaise aux yeux d'un bien plus grand nombre de personnes.

La controverse peut-elle jamais fonctionner ?

Il y a des cas où elle peut le faire. Certaines entreprises sont capables de franchir la ligne de démarcation et de fournir des sujets controversés qui incitent les acheteurs à chercher. Ces entreprises changent généralement de sujet pour garder une longueur d'avance. D'autres entreprises sont très intelligentes et utilisent la controverse des autres entreprises pour offrir des alternatives aux acheteurs en fuite. C'est ainsi qu'on utilise la controverse pour réussir.

DES CARTES DE VISITE CRÉATIVES - POUR QUE VOTRE ENTREPRISE SE FASSE REMARQUER !

Les cartes de visite portent la marque de notre entreprise et nous représentent à plus d'un titre. Une carte de visite bien conçue et imprimée peut impressionner les gens et leur faire remarquer, ce qui est notre principal objectif. Les gens utilisent les modèles les plus courants disponibles sur le marché en général et ceux disponibles gratuitement en particulier, sans savoir si le même modèle est utilisé avec une autre organisation. Cela aggrave les choses pour eux comme pour l'organisation. Il serait donc préférable que nous utilisions des cartes de visite uniques et créatives. Les cartes de visite créatives sont des outils pour impressionner les autres. Il ne s'agit pas de simples morceaux de papier contenant le nom et les coordonnées, ni de toute autre chose ennuyeuse à garder dans notre poche. Les cartes de visite créatives sont plutôt des outils importants de mise en réseau. Ils sont le reflet, la marque personnelle et un petit morceau de la mission et de l'objectif de l'entreprise.

Certaines méthodes auxquelles nous devrions adhérer pour rendre nos cartes de visite créatives :

- Rectangle, demi rectangle, carré, cercle, ovale et triangle sont les différentes formes dans lesquelles ces cartes peuvent être conçues. N'oubliez pas que les formes sont les premières à avoir de l'importance.

- Les cartes de visite en chocolat sont sans doute coûteuses mais elles sont créatives.

- L'impression de motifs sur des textures rares, des plumes, des papiers sépia, des plaques d'aluminium sont autant d'options pour rendre les cartes de visite créatives.

- L'utilisation d'impressions plutôt que de textes imprimés ajoute à la créativité des cartes de visite.

- Si l'entreprise est axée sur le travail d'équipe, il est préférable d'utiliser des cartes de visite avec les photos de vos coéquipiers et les statistiques.

- Une façon de rendre la carte attrayante pour les personnes qui ont des difficultés mathématiques est de fournir un prêt hypothécaire pour la table des intérêts.

 - Tout comme un livre, les cartes peuvent être conçues de manière à être pliées. On peut aussi penser à une carte en trois dimensions.

- Si une personne travaille dans une industrie liée à l'alimentation, ajoutez une des recettes de la carte. - L'utilisation de dessins humoristiques sur un côté de la carte est une autre possibilité pour laisser une impression.

 - L'ajout de tampons et d'images en couleur sur les cartes améliore la demande.

- On peut utiliser du cuir, du braille ou une carte de visite clignotante.

 - Utilisez du papier adhésif pour imprimer un côté de la carte, qui donne aux clients un autocollant détachable pour les rendez-vous, les rappels et le numéro de téléphone.

 - Si l'organisation exige des voyages internationaux, l'utilisation de plusieurs langues est certainement une idée créative.

- Si l'organisation est du type motivationnel, une citation tiendra certainement la route.

Il existe de nombreuses possibilités de créer des cartes de visite en enfreignant toutes les règles de la créativité. Enfin, la règle de la créativité est de briser toutes les règles. Il suffit de jeter un coup d'œil à quelques exemples : des cartes de visite de billets d'un million de dollars, des cartes de monnaie, et même une carte de visite de chéquier ! Les possibilités sont toujours infinies.

 En gardant ces points à l'esprit, le prochain devoir d'une organisation est de trouver des logiciels de cartes de visite abordables, qui aideront à rendre les cartes créatives. Aujourd'hui, une nouvelle tendance a été introduite sur le marché, appelée Business Card Designer Plus, qui fournit des cartes étonnamment performantes. En utilisant un logiciel pour la construction, le travail de concepteur de cartes de visite est facile. Dans ce logiciel, il existe des modèles prêts à l'emploi parmi lesquels l'organisation peut en choisir un et y ajouter toutes les informations nécessaires, puis l'envoyer pour impression. Ce logiciel permet heureusement de mettre toutes les idées créatives qu'une personne a en tête dans la réalisation de cartes de visite.

On peut utiliser différentes polices et tailles comme le prévoit ce logiciel. Il est possible de faire preuve de créativité lors du choix du papier pour l'impression. Quelle que soit la taille de l'entreprise, si une bonne carte créative est utilisée pour promouvoir l'entreprise, celle-ci s'envolera aux couleurs de l'arc-en-ciel, même par une journée ensoleillée.

La plupart des gens n'utilisent pas assez de temps pour penser à leur carte de visite. La majorité d'entre eux se contentent d'y inscrire leur entreprise et leurs coordonnées. Voici quelques stratégies qui vous aideront à concevoir une carte efficace qui vous fera gagner de l'argent et vous apportera de nouvelles pistes. Passez du temps à réfléchir à la conception. Vous distribuerez probablement plus de cartes que de brochures, alors prenez le temps de bien faire les choses. Ne gaspillez pas le verso de votre carte. Vous pouvez mettre une offre convaincante au verso qui donne envie aux gens de faire des affaires avec vous. Passez du temps à réfléchir aux raisons pour lesquelles les gens veulent acheter chez vous et aux services que vous proposez. Maintenant, condensez cela vers le bas pour qu'il s'adapte au dos. Vous devrez peut-être consacrer un peu de temps à cette question, mais l'effort sera récompensé par de nouveaux clients et de nouveaux revenus. Pensez à la conception. Qui dit que votre carte doit être à deux faces avec des bords carrés. La plupart des gens ne déposent pas de cartes de visite, donc le seul élément limitatif à prendre en compte est de savoir si vous pouvez les transporter. Il existe de nombreuses options : carte carrée, découpée à l'emporte-pièce ou pliée.

Envisagez une carte en trois dimensions. La carte peut être conçue de manière à ce que les images sélectionnées apparaissent. Une autre carte très unique est une carte de style origami qui ressemble à une carte de visite ordinaire, mais qui a quatre panneaux. Elle est découpée à l'emporte-pièce pour que vous puissiez plier la carte d'un panneau à l'autre et chaque panneau présente des graphiques différents. Memory Cross a créé une vidéo qui montre comment fonctionne cette carte de visite créative.

Pensez à votre créateur. Vous voulez quelqu'un qui soit créatif et qui relève le défi de vous aider à concevoir la carte la plus efficace possible. Un bon endroit pour vérifier est 99 Designs. Le coût d'une carte de visite n'est que de 199 dollars. Vous soumettez les informations que vous voulez sur la carte et les artistes y affichent leurs dessins et vous choisissez celui qui vous plaît. Il existe une pléthore de designers talentueux qui peuvent aider votre création à se démarquer.

Pensez au journal. Rien que cela peut faire une grande différence et il existe de nombreuses options : carton couché, couverture non couchée, recyclée, finition lin ou vernie, lisse ou brillante. Votre imprimeur ou votre designer peut vous aider à sélectionner le stock qui vous conviendra le mieux.

Vos cartes de visite sont le reflet de votre entreprise, alors pourquoi ne pas passer un peu de temps à en concevoir une qui se distingue vraiment. Des cartes de visite créatives vous aideront à vous démarquer et à attirer de nouveaux clients.

Creative Business Cards by Wall Printing aide ses clients à développer des cartes de visite uniques et convaincantes qui se distinguent des autres. La carte spéciale est une carte interactive à quatre panneaux qui est découpée à l'emporte-pièce pour créer une boucle sans fin. Ce modèle en instance de brevet attire l'attention et permet aux entreprises de créer un message convaincant qui attire de nouveaux clients et augmente les revenus.

3 étapes pour des cartes de visite plus créatives

Les cartes de visite sont simples à concevoir, n'est-ce pas ? Il suffit d'apposer votre logo et vos coordonnées et le tour est joué. Ou pas. Dans le monde d'aujourd'hui, l'image de marque est essentielle dans les affaires. Pour se différencier de ses concurrents, il est essentiel de se démarquer. Et cela commence par la conception de votre carte de visite. Les cartes de visite n'ont pas besoin d'être élaborées, la simplicité peut toujours fonctionner, mais il est important d'avoir un élément de design qui véhicule l'image de votre entreprise. Avant d'envoyer votre carte à imprimer, suivez ces trois étapes :

1. Recherche Tant que vous n'avez pas vu ce qui existe, vous ne savez pas ce qui est possible. Passez un peu de temps à faire des recherches sur le design et les cartes de visite sur Internet - vous y trouverez toute une série d'idées créatives. Réunissez une sélection de vos favoris - ceux qui attirent votre intérêt et votre attention - et utilisez-les comme tremplin pour votre création

2. Image de marque Votre entreprise possède-t-elle déjà une marque et une image fortes ? Si c'est le cas, vos cartes doivent en tenir compte. Il ne sert à rien d'avoir un design de carte de visite brillant s'il ne s'intègre pas à la marque globale. Si votre entreprise n'a pas encore développé son image de marque, utilisez vos cartes comme point de départ. Faites appel à une société de design spécialisée dans l'image de marque pour travailler avec vous sur vos cartes, en vue de développer un look complet pour votre entreprise au fil du temps.

3. Carte, polices, techniques d'impression

Tirez les meilleures idées de vos recherches et travaillez avec votre imprimeur ou votre designer pour affiner vos idées. Recherchez ce qui est possible dans votre budget sous forme de cartes, de textures, de techniques d'impression inhabituelles, etc. Discutez des coins arrondis, des motifs d'impression incrustés, des bords colorés et de tout autre effet spécial que vous souhaitez. Travailler avec un designer vous donnera des idées plus innovantes et vous permettra de travailler vos idées en un concept unique.

Pendant que vous êtes occupé à faire preuve de créativité dans la conception de vos cartes de visite, ne perdez pas de vue la fonction ultime de vos cartes. Ils sont là pour transmettre des informations, véhiculer votre image et permettre aux gens de vous contacter. Veillez à ce que les informations essentielles soient faciles à lire, sinon tous vos efforts inspirés tomberont à l'eau ! Un bon designer doit combiner la fonctionnalité avec un design accrocheur et s'assurer que tous les éléments fonctionnent bien ensemble. Il doit également donner des conseils sur les dernières tendances en matière de conception de cartes de visite, comme les codes QR, etc.

Les cartes de visite sont les meilleurs outils de marketing peu coûteux. Les personnes perspicaces en tireront le meilleur parti. Créez et concevez des cartes de visite qui correspondent le mieux à votre entreprise. Tirez le meilleur parti du concepteur lors de la création et de la conception de la carte. Une carte créative, attrayante ou divertissante voyagera comme une vidéo intrigante sur le web. Il y a de fortes chances que de nombreuses personnes apprennent à mieux connaître votre entreprise grâce à vos cartes, en particulier si elle est attrayante et créative. Il s'agit d'une méthode pour que votre entreprise soit visible et reste longtemps dans l'esprit des gens. Les hommes d'affaires qui utilisent des cartes créatives ont plus de succès que ceux qui utilisent des cartes et des dessins communs. Des cartes créatives, divertissantes ou très professionnelles, attrayantes et uniques, inciteront les gens à les montrer à leur entourage.

Des méthodes simples comme celles-ci peuvent permettre d'obtenir des perspectives potentielles pour l'entreprise. De nos jours, on trouve des cartes dans l'état des véhicules, pour la plupart favorisées par les sociétés automobiles et les sociétés de vente de pièces détachées et de personnages d'animation qui forment des cartes utilisées par les sociétés multimédia. Les designs créatifs et les états des cartes arriveront à un plus grand nombre de personnes en un temps record. Les cartes qui sont généralement amusantes peuvent se répandre rapidement parmi les gens. S'abstenir d'utiliser les marques et sous-titres de base sur les cartes. Il est toujours judicieux d'utiliser des devises nouvelles et uniques sur la carte. L'imagination dans la conception des cartes peut la rendre très efficace. Relativement peu d'entre eux utilisent des modèles et des exemples créatifs dans la plupart des régions du monde. Dans la plupart des régions du monde, les gens suivent l'ancienne méthode habituelle. Par la suite, les cartes créatives resteront quelque chose de nouveau pour les gens. Je peux garantir qu'une carte au design créatif restera longtemps dans le portefeuille. Personne n'aura l'intention de retirer une carte créative du portefeuille, ils peuvent même l'utiliser comme exemple pour en créer une pour eux-mêmes.

Cartes de visite créatives pour les petites entreprises

Comme de plus en plus de personnes sont victimes de la crise économique, beaucoup cherchent à mettre à profit leurs talents pour gagner de l'argent supplémentaire. D'autres plongent tête baissée dans la création de leur propre petite entreprise. La mise en réseau est une stratégie clé pour aider votre entreprise à démarrer et à maintenir sa croissance. Chaque personne travaillant dans une entreprise doit faire connaître sa marque et les informations sur son produit ou ses services. Un excellent moyen d'y parvenir est de disposer de cartes de visite créatives et efficaces à laisser aux personnes que vous rencontrez. Des cartes de visite créatives et accrocheuses peuvent être imprimées à un coût relativement faible. Ils sont transférables, ce qui signifie que les gens ont tendance à les transmettre à d'autres personnes qui pourraient avoir besoin de vos services. De plus, ils vous rendent directement accessible même si vous n'avez pas encore créé de site web ou de matériel de marketing imprimé. Nous discuterons de la manière d'améliorer visuellement vos cartes de visite pour qu'elles fassent leur travail.

Les choses à faire et à ne pas faire pour obtenir des cartes de visite efficaces et créatives,

FAIRE :

1. Utilisez votre logo bien conçu et affichez-le bien en évidence.

2. Assurez-vous que les informations sur votre entreprise sont correctes. Vérifiez et revérifiez votre nom, votre fonction, votre entreprise, vos numéros de téléphone et de fax, votre site web, votre blog, votre slogan, etc.

3. Dites aux gens ce que vous faites. La carte doit décrire votre entreprise et préciser pourquoi elle doit faire affaire avec vous, plutôt qu'avec vos concurrents. Utilisez les deux côtés si vous en avez les moyens, afin de ne pas être à l'étroit. De plus, c'est un bien immobilier de premier choix pour la commercialisation de vos services.

4. Concevez-le. (L'utilisation d'un modèle de carte ressemblera à celle de tout le monde). Vous pouvez facilement le faire vous-même. Des entreprises comme Vistaprint vous permettent de télécharger votre propre design.

5. Mieux encore, engagez un professionnel qui veillera à ce que la carte soit visuellement équilibrée et typographiquement agréable.

6. Votre carte devrait vous refléter. Le cas échéant, laissez transparaître votre personnalité ou donnez aux gens des indices visuels sur vos compétences.

7. Si vous voulez faire des folies, voici quelques idées géniales : gaufrage, métallisation, bizarrerie, découpes, formes et tailles bizarres, translucidité, popups, textures, etc. Bien sûr, soyez prudents car certains d'entre eux ne rentreraient pas dans les porte-cartes de visite standard. Si la plupart des entreprises de votre secteur gardent leurs contacts sous forme numérique ou en ligne, alors allez-y !

NE LE FAITES PAS :

1. Utilisez du papier bon marché. Achetez le meilleur que vous pouvez vous permettre.

2. Obtenez des cartes gratuites avec un sponsor imprimé au dos.

3. Faites des caractères trop grands ou trop petits ou placez-les sur une photo occupée, ce qui les rend complètement illisibles.

4. Placez les caractères trop près du bord de la carte. C'est un cri d'amateur.

Suivez ces conseils et vous serez en mesure de créer des réseaux efficaces et de laisser une bonne première impression professionnelle où que vous alliez. Restez à l'écoute pour d'autres articles de la série "Démarrer une petite entreprise" pour des conseils en matière de marketing et de conception sur le web et dans la presse écrite.

Utiliser les deux côtés de la carte

On a constaté que la plupart des gens n'utilisent qu'un seul côté de la carte, ce qui n'est pas très impressionnant. En fait, il donne un aspect général terne. Afin de lui donner un aspect impressionnant, vous devriez envisager d'utiliser les deux "parcelles de ce précieux bien immobilier". Toutefois, même si vous utilisez les deux côtés, veillez à laisser un espace blanc pour le destinataire de la carte. Certains destinataires souhaiteront peut-être noter sur la carte quelques notes importantes et pertinentes.

Inclure une image

Assurez-vous que vous avez un logo d'entreprise et que vous l'utilisez sur vos cartes de visite. Le principal avantage de l'ajout d'un logo est qu'il vous rend facilement reconnaissable. En fait, outre le logo, vous pouvez également envisager d'utiliser votre propre photo. Cela la rendra plus personnelle et beaucoup plus impressionnante.

Indiquez votre USP

 USP signifie Unique Selling Proposition (proposition de vente unique). N'oubliez pas d'indiquer le principal avantage concurrentiel que vous offrez. Donnez au destinataire une raison pour laquelle il devrait acheter vos produits. Dites-leur ce que vous avez de si spécial. Votre marché cible a besoin de toutes ces informations. Une fois que vous avez tout énoncé clairement et de manière très convaincante, veillez à inclure un appel à l'action. Dites-leur quelle action spécifique vous souhaitez qu'ils entreprennent ensuite. Par exemple, vous pouvez leur demander de visiter votre blog ou de s'inscrire à une lettre d'information.

Utiliser une carte de taille ou de forme bizarre Un moyen simple et impressionnant de se faire reconnaître facilement est d'utiliser une taille ou une forme bizarre pour vos cartes de visite créatives. Certaines possibilités peuvent inclure des bords arrondis ou une taille plus grande que d'habitude. En outre, vous pouvez également choisir une forme spécifique en fonction du type d'entreprise que vous dirigez. Par exemple, si vous êtes fleuriste, vous pouvez opter pour une carte en forme de fleur.

COMMENCER À BLOGUER

Au cours des dernières années, les avantages du "Blogging for Business" ont beaucoup évolué dans l'esprit des responsables marketing et des chefs d'entreprise. Bien qu'il y ait un certain nombre d'explications à ce changement, je pense que leur inspiration pour commencer à bloguer peut être attribuée à la façon dont ils commencent à comprendre le pouvoir et l'introduction qu'il donne. Pas du tout comme la plupart des stratégies de marketing sur internet, où les entreprises créent des campagnes pour faire progresser leurs produits et services avec différents appels à l'action s'efforçant de convertir les clients ciblés ; le marketing de blog est centré sur le partage de contenus nouveaux, pertinents et intrigants pour engager et interagir avec son public cible. Les blogs offrent en outre une toute nouvelle gamme de possibilités pour commercialiser votre entreprise en ligne, ce qui est essentiellement irréaliste avec un simple site web.

Quels sont donc les avantages que je peux attendre d'un blog pour les entreprises ?

Construire la crédibilité - Un site web professionnel et bien conçu doit présenter votre entreprise sous un jour positif, en renseignant les visiteurs sur votre entreprise, vos représentants et les produits et services qu'elle propose. Cependant, votre blog est quelque chose de très unique. Il a le pouvoir d'étendre l'énergie, l'intelligence et la maîtrise que votre entreprise maintient dans votre domaine. Les blogs ont le pouvoir d'amener votre entreprise à être considérée comme un chef d'entreprise ou une ressource.

Établir des relations - Les blogs ne sont pas seulement de formidables ressources d'information pour les acheteurs affamés désireux de connaître progressivement votre entreprise et ce qu'elle déclare, c'est un moyen de nouer des relations. Gardez donc les lignes de communication ouvertes entre vous et votre public. Comme la vie sur Internet, un blog donne aux entreprises la possibilité d'écouter ce que vos lecteurs ont à dire sur votre entreprise. Ils doivent être une conversation à double sens qui permet aux lecteurs de s'exprimer. Contrairement aux sites web, qui sont généralement directs et qui ont besoin d'être ressentis, les blogs permettent aux entreprises de ne pas plaisanter ou non. Southwest Airlines a un blog extraordinaire par rapport à d'autres compagnies, intitulé "Nuts About Southwest". Leur blog est de temps à autre divertissant, mais néanmoins instructif. Il donne aux visiteurs un aperçu de ses tâches et du mode de vie à Southwest, tout en interagissant et en établissant des relations avec ses clients. Le blog de votre entreprise doit également être considéré comme un endroit où vous pouvez parler efficacement avec vos clients de ce qui concerne votre entreprise.

Augmentez votre audience - Les articles de blog intéressants ont la possibilité d'atteindre de nouveaux lecteurs intéressés par vos services ou produits. Ces lecteurs ne sont pas normaux pour ceux qui parcourent les publicités habituelles ou même le site web de votre entreprise. Rédigez donc des contenus qui permettent à vos lecteurs de voir d'autant plus facilement comment vos services ou produits peuvent les aider à résoudre leurs problèmes. Proposez des concentrés de cas pour délimiter la manière dont vos services sont utilisés. Permettez aux visiteurs de faire des remarques sur vos articles de blog. N'oubliez pas que l'un des objectifs essentiels du blog est de converser avec votre public. Si votre contenu est intrigant et que vos lecteurs le trouvent intéressant, ils peuvent laisser une remarque et commencer à interagir avec vous.

Améliorer le classement des sites web - Pour certains propriétaires d'entreprises et responsables marketing, le choix de commencer à bloguer a été fait dans le but ultime d'améliorer le classement de leur site web sur les moteurs de recherche.

Le plus grand test pour la plupart des sites web commerciaux est probablement la tentative de développer constamment de nouveaux contenus de qualité. À un moment donné de l'évolution d'un site web, il s'avère quelque peu difficile d'ajouter constamment du contenu original au site. Toutefois, l'ajout d'un blog sur le site web de votre entreprise élimine ce problème, ce qui ouvre une multitude de possibilités de contenu. Comme un billet de blog est en outre classé comme une page via les moteurs de recherche, le marketing de blog est une superbe stratégie pour augmenter rapidement le nombre de pages de votre site web. Un billet de blog élégamment composé et profondément amélioré sera rapidement enregistré par les moteurs de recherche, ce qui améliorera le classement des pages de votre site.

Le blog est amusant et énergisant. Un si grand nombre de personnes du monde entier rejoignent la blogosphère, peu importe leur âge, leur situation socio-économique, leur niveau de formation ou leurs centres d'intérêt. Le blog est destiné à tous ceux qui aiment écrire et parler avec les autres. Tout ce dont vous avez besoin, c'est d'un PC et d'un peu de temps pour économiser. Cet article vous aidera à voir comment vous pouvez commencer à bloguer. Pour commencer, si vous n'avez jamais blogué auparavant, lancez un blog test. Créez un blog sur un site de blogging gratuit et rédigez simplement des articles sur votre vie. Vous pouvez rendre le blog privé au cas où vous n'auriez besoin de personne pour le comprendre. L'objectif d'un blog test est de déterminer simplement comment bloguer et de se familiariser avec le site de blogging. Il vous aidera également à vous mettre dans le rythme des blogs de manière cohérente. Ne commencez pas votre blog pour de vrai avant d'avoir vu comment utiliser complètement les différentes fonctionnalités et appareils. Lorsque vous vous sentirez à l'aise, vous devrez choisir le sujet de votre blog. Chaque blogueur doit choisir une spécialité. Le meilleur choix est quelque chose qui vous intéresse et qui ne présente que peu de difficultés. Cependant, il doit s'agir de quelque chose de réellement connu, de quelque chose que les gens rechercheront. Le choix d'une spécialité peut être l'une des étapes les plus difficiles du lancement d'un blog. Il est généralement difficile de trouver un sujet qui soit l'égalisation des bien connus à ce stade pas trop couvert. Choisissez quelque chose auquel vous pensez vraiment, quelque chose sur lequel vous ne serez pas malade d'écrire. L'étape suivante est de commencer à bloguer réellement. Commencez à faire des posts fascinants normalement. Gardez votre contenu original, utilisez vos propres mots et non ceux de quelqu'un d'autre. Essayez de faire en sorte que vos messages laissent les lecteurs dans le besoin. Vous avez besoin que les gens attendent pour revenir sur votre blog. Il vous appartient de choisir le temps que vous souhaitez consacrer au blog. Vous devez dire à vos lecteurs à quel point vous vous rafraîchirez régulièrement afin qu'ils se rendent compte s'il faut revenir jour après jour ou semaine après semaine. Tenez-vous en à ce que vous avez décidé. Les lecteurs de blogs n'apprécient guère que les blogueurs ne publient pas beaucoup de messages. Il existe toujours différents blogs qu'ils peuvent consulter pour obtenir des mises à jour. La dernière étape du blogging est une étape qui ne se referme jamais vraiment. Apprendre comment améliorer un blog et le faire progresser. Nombreux sont ceux qui ne connaissent pas l'amélioration des moteurs de recherche, sauf s'ils bloguent depuis un certain temps. Faites vos recherches et apprenez tous les moyens les plus idéaux pour améliorer le classement de votre blog. Tant que vous aurez votre blog, vous pourrez le faire évoluer. Si vous comptez en tirer profit, vous devriez vous consacrer à la commercialisation de votre blog. Faire passer le message sur votre blog et augmenter le trafic de votre blog prendra probablement plus de temps que la rédaction de vos véritables messages.

Comment commencer à bloguer efficacement

Les blogs sont amusants et peuvent aussi vous rapporter de l'argent. De nombreux sites vous aideront à commencer à bloguer. Que vous essayiez de renforcer votre blog actuel ou d'en créer un tout nouveau, vous trouverez peut-être utiles les conseils et astuces proposés ci-dessous. Il est très utile de permettre aux invités de publier des messages sur votre blog. Cela peut vous aider à développer une bonne relation avec un autre blogueur, et cela pourrait vous être utile. De bonnes relations peuvent vraiment vous aider. Vous pourriez avoir besoin d'une petite faveur à l'avenir, et vous découvrirez alors que les blogueurs que vous avez invités à publier sur votre blog, seront heureux de vous aider. Faites en sorte que chaque blog ne parle que d'un seul sujet. Si vous tentez de bloquer un million de sujets différents dans chaque billet, il sera difficile pour les gens de vous suivre. Il s'agit d'un conseil simple mais efficace pour rendre vos blogs plus lisibles. Les blogs peuvent être un moyen utile d'étendre et d'améliorer votre présence sur Internet si vous aimez écrire et si vous disposez de suffisamment d'éléments sur lesquels vous souhaitez écrire dans votre blog. Si votre sujet ne vous passionne pas, vous n'aurez pas la motivation nécessaire pour le poursuivre. Ne laissez pas les préjugés religieux ou politiques influencer la façon dont vous gérez votre blog. Par exemple, il est trop tentant d'interdire les commentaires de personnes qui ne sont pas d'accord avec vous. Cependant, cela pourrait se retourner contre vous car les lecteurs ne veulent pas retourner sur un site qui les censure. Si vos utilisateurs peuvent discuter sur votre site, ils seront plus susceptibles de revenir à l'avenir. Veillez à inclure des sondages ou des enquêtes sur votre blog. Ce processus peut donner un coup de fouet à votre blog, tout en en faisant un moyen agréable pour vos lecteurs de communiquer avec vous. Affichez les résultats, avec des commentaires sur ce que vous avez observé dans le résultat. Vous pouvez adapter votre blog en fonction des informations révélées par les enquêtes. L'utilisation d'images dans vos messages peut être un moyen efficace d'améliorer le lectorat. Il y a beaucoup de vérité dans le vieil adage selon lequel une image a plus de valeur que mille mots. C'est très impératif lorsqu'il s'agit de bloguer. Les images sont capables de transmettre bien plus que de simples mots. Veillez donc à ajouter des images autant que possible.

Les blogs s'adressent à tous ceux qui aiment écrire et communiquer avec les autres. C'est l'une des meilleures stratégies pour promouvoir votre entreprise en ligne et pour donner un coup de pouce à votre stratégie de référencement. En plus des incroyables possibilités de gagner de l'argent en écrivant des blogs, c'est aussi étonnant et passionnant. Une pléthore de personnes du monde entier y adhèrent, quels que soient leur âge, leur niveau d'éducation ou leurs centres d'intérêt.

Tout ce dont vous avez besoin, c'est d'un ordinateur avec une connexion internet et un peu de votre temps libre. Vous voulez donc créer votre propre espace en ligne mais vous ne savez pas comment commencer à bloguer ? Avec tous les scénarios et la technologie d'aujourd'hui, c'est plus facile que vous ne le pensez ! Il n'est pas impossible de gagner de l'argent en ligne en bloguant, mais tout le monde doit faire des efforts de votre côté et il faut travailler dur et garder patience jusqu'à ce que vous ne voyiez pas le résultat. Voici quelques étapes pour démarrer un blog :

1. Décidez du blog que vous voulez Décider de votre sujet est la clé, car vous devrez faire des recherches par mots-clés pour trouver de bonnes phrases à cibler comme un bon nom de domaine. Attirer le plus grand nombre de lecteurs et les faire revenir est votre objectif. Pour ce faire, vous devez publier régulièrement et vous devez aborder les questions dont les lecteurs veulent entendre parler. Choisissez un sujet qui vous

passionne afin que l'affichage quotidien ne devienne pas fastidieux. Et le sujet devrait également être intéressant.

2. Obtenez votre nom de domaine Choisissez un nom de domaine qui est pertinent pour votre sujet. Il est beaucoup plus important d'en trouver un qui décrit le sujet général de votre blog. Il est nécessaire d'enregistrer votre nom de domaine chez l'agent d'enregistrement.

3. Stratégies publicitaires Il est très important que vous gagniez également des visiteurs de blog qui sont très probablement intéressés par votre sujet. Vous pouvez facilement vendre quelque chose en procédant de cette façon. Si vous souhaitez vraiment élever votre blog à un niveau supérieur, vous devez apprendre et maîtriser un certain nombre de stratégies publicitaires pour que cela fonctionne.

4. Générer du contenu C'est très important dans les blogs. Un blog doit avoir un contenu pour être lu. Écrivez quelques articles dans votre blog chaque semaine et établissez votre propre calendrier de rédaction d'articles pour votre blog. Vous avez plus de pages web pour promouvoir votre blog si vous avez plus d'articles.

5. Contenu actualisé Vous devez également disposer d'un contenu actualisé et de qualité. Assurez-vous que votre blog peut fournir quelque chose d'utile, quelque chose qui divertit et où les gens peuvent trouver des réponses à leurs questions et problèmes et assurez-vous également que votre blog contient des informations actualisées. Il y a en effet des choses importantes à considérer sur la façon de commencer à bloguer.

ASSURER LE SUIVI AVEC VOTRE RÉSEAU

Quel est l'objectif d'un réseau ?

Votre réseau est un lieu où vous établissez une relation avec d'autres personnes. Votre réseau est un rassemblement de vos amis d'aujourd'hui et de demain. Il est donc important que vos amis vous connaissent, vous fassent confiance et vous trouvent crédible. Vous voulez qu'ils vous considèrent comme une source d'information que vous donnez librement sans attendre quelque chose en retour. Vous voulez qu'ils vous voient comme une personne honnête et passionnée par ce que vous faites. Dans l'idéal, ils vous verront comme une personne qui aime tellement ce que vous faites que vous êtes heureux de le faire gratuitement. Quand ils le sentent, quand ils le sentent, alors vous aurez un réseau

Beaucoup de gens se méprennent sur l'objectif de leurs réseaux

Beaucoup de gens considèrent leur réseau comme quelque chose qui doit fonctionner pour eux. Si le réseau ne répond pas instantanément lorsqu'ils ont besoin de quelque chose, alors il y a un problème avec le réseau. C'est une triste mise en accusation de nombreux "soi-disant" réseaux, qui pensent que le seul but du réseau est de le prendre. Ces gens sont là pour vendre leurs produits et ne comprennent pas pourquoi les gens ne réagissent pas. D'innombrables "experts" des médias sociaux leur ont dit que la richesse est instantanée et que s'ils n'ont pas réalisé la richesse instantanée, il doit y avoir quelque chose qui cloche dans ce qu'ils font et il est temps d'acheter un autre produit. Les médias sociaux et l'internet sont les prochains à s'enrichir rapidement, mais devinez ce qui n'est pas vrai.

Construisez votre réseau morceau par morceau

Quelle que soit la raison pour laquelle vous souhaitez disposer d'un réseau, vous devez le construire pièce par pièce. Il n'existe pas de moyen automatisé de construire un réseau de qualité. Un réseau de qualité se développe parce que vous faites un travail de qualité et que des personnes de qualité veulent entendre ce que vous avez à dire.

Des conversations de qualité attirent un réseau de qualité Lorsque vous communiquez avec votre réseau

avec un message de qualité qui transmet votre passion pour le sujet et fournit d'excellentes informations, vous attirez l'attention. Cela vous donne de la crédibilité et vous permet de développer votre réseau. Lorsque vous poursuivez des conversations de qualité, cela crée un climat de confiance au sein de votre réseau et il continue à se développer. En conversant régulièrement, vous donnez à votre réseau un sentiment de cohérence et votre réseau s'étend encore plus. A terme, cette opération aboutit à la création de votre marque. Une marque à laquelle les gens font confiance, qu'ils trouvent fiable et qui a de la cohérence. Votre marque a maintenant des adeptes qui seront difficiles à briser et la seule personne qui a vraiment la capacité de briser cette marque, c'est vous. Si vous commencez à revenir sur les principes qui ont suscité la confiance, la crédibilité et la cohérence, votre réseau commencera à s'effriter et ne vous regardera plus avec le même respect et la même confiance. Votre réseau va se mettre à la recherche d'un autre leader.

4 Moyens bizarres mais efficaces de suivre votre prospect

1. Le téléphone :

   Le redoutable appel téléphonique, mais rendez le intéressant Oui, le téléphone est le meilleur moyen d'assurer un suivi. La plupart des spécialistes du marketing de réseau essaient une technologie de substitution à la connexion humaine. Ne faites pas cela. Bien sûr, nous avons tous des limites de temps, mais mettez-vous à part et montrez à vos prospects que vous vous souciez de leur réussite. Cependant, ne vous montrez pas désespéré même si vous n'avez qu'une seule recrue dans votre entreprise. Donnez l'impression que vous leur rendez service en leur donnant la possibilité de travailler avec vous dans votre entreprise. Dites des phrases comme "Je te soutiens vraiment..." et faites-leur savoir que vous êtes de leur côté et non du vôtre. Cependant, il faut toujours garder à l'esprit qu'il s'agit toujours d'autres perspectives. N'oubliez pas d'exploiter le succès de votre ligne ascendante dans l'appel de clôture. Faites-lui savoir que vous allez essayer de fermer à une certaine heure et demandez qu'il soit disponible.

   2. Courrier électronique : Pour que ça marche Si vous avez répondu à suffisamment de questions d'entretien pendant le processus de recrutement, vous pouvez envoyer un courriel rapide à votre prospect le lendemain en lui disant "Hé... J'ai trouvé quelque chose d'intéressant" à propos d'un détail (peut-être sans rapport avec votre entreprise) que vous avez découvert lors de votre entretien et qu'ils devraient vous appeler à un moment donné. Le courrier électronique est conçu pour informer et agir. Si vous pouvez les convaincre de

vous appeler, vous avez gagné la bataille. Vous pouvez également leur demander s'ils souhaitent recevoir plus d'informations de votre part et, avec leur permission, les ajouter à votre liste de diffusion.

3. Le publipostage : Vous voulez que quelqu'un lise vos informations ? Mettez-le dans une carte d'anniversaire. Il existe des sociétés de cartes qui vous permettent de concevoir des cartes et de les envoyer par la poste. Toutefois, si vous voulez attirer l'attention de vos prospects, envoyez-leur une carte d'anniversaire en y ajoutant simplement la phrase "Appelez-moi, dès que vous aurez ce message".

4. En personne : Montrez-leur votre visage souriant Il n'y a rien de mal à faire un suivi en personne si cela est justifié. Cependant, emportez avec vous certains aspects du processus d'inscription. Qu'il s'agisse d'un netbook ou de paperasserie, assurez-vous d'avoir les moyens de faire démarrer votre prospect. Le temps est notre plus grand ennemi et si vous avez fait l'effort de vous rencontrer en personne pour parler de votre opportunité, obtenez la vente.

Conclusion

Ce sont quatre moyens vraiment bizarres mais efficaces pour assurer le suivi de votre prospect. Toutefois, si vous avez du mal à trouver des prospects, vous avez besoin d'une très bonne formation à la génération de prospects et au marketing. Il est primordial pour votre entreprise d'avoir de nombreuses pistes qui vous contactent. Sans pistes, votre parcours dans le marketing de réseau sera deux fois plus difficile. La meilleure façon de réussir dans votre entreprise de marketing de réseau est de maîtriser la génération de prospects

UTILISER LA RECHERCHE SUR TWITTER

Twitter continue de figurer parmi les meilleurs moyens de communication informelle à long terme utilisés par les particuliers, les chefs d'entreprise et les sociétés. Au 1er janvier 2014, le nombre d'individus a dépassé les 645 millions, avec 135 000 personnes qui ont rejoint le réseau et 58 millions de tweets envoyés chaque jour. Les internautes actifs fréquentent régulièrement ce site pour obtenir ou partager les dernières nouvelles du monde entier et pour se rafraîchir sur ce qui se passe avec les personnes qu'ils suivent. De même, Twitter sert de guide précieux où les gens peuvent faire leurs recherches sur différents sujets. Relativement peu de gens réalisent que l'utilité de recherche de ce site web de premier plan sur la vie peut être utilisée de diverses manières. Il convient toutefois de noter que Twitter canalise les résultats de la recherche pour s'assurer que les utilisateurs ne reçoivent que des Tweets de qualité et des comptes dépendant de ce qu'ils recherchent.

Recherche de sujets

Lors de la recherche de sujets, il est idéal d'utiliser un hashtag avant le mot. Si vous utilisez plusieurs mots, veillez à les taper sans espace et à utiliser un hashtag avant. Si vous voyez un mot hashtaggé dans un tweet qui vous intéresse, vous pouvez également taper dessus et cela vous donnera des résultats dans une autre page. La page de résultats affiche généralement les meilleurs résultats, mais vous pouvez dans tous les cas parcourir chacun des résultats.

Recherche de photos

En utilisant votre sujet, vous pouvez également rechercher des photos juste au cas où vous en auriez besoin. Sur la page des résultats, vous verrez un classement des photographies dans la partie gauche, sous les résultats et les personnes. Mettez le doigt sur le privilège du mot "photos" pour montrer les images identifiées à votre sujet spécifique.

Sauvegarder une recherche

Twitter permet en outre aux utilisateurs de sauvegarder leurs recherches au cas où vous auriez besoin d'y revenir à l'avenir. Pour enregistrer une recherche particulière, il suffit de cliquer sur le petit boulon vers le bas sur le symbole du privilège de la roue en haut à droite de la page des résultats de la recherche. Cliquez alors sur le choix "Sauvegarder la recherche". Si vous, votre entreprise et vos tweets devaient être efficacement recherchés sur Twitter, il existe des règles sûres à suivre. S'abstenir de publier des contenus copiés, de mal gérer les hashtags ou les sujets en biais, d'envoyer des tweets ou des réponses informatisées, d'utiliser des applications pour poster des messages comparatifs et de poster des messages comparables sur différents comptes. De même, il est interdit de suivre et de ne pas suivre les personnes sur le site de manière agressive.

Améliorez votre recherche sur Twitter en utilisant des hastags

La véritable raison d'inclure un hashtag est qu'il vous donne, ainsi qu'aux différents tweeters, une méthode simple pour rechercher un sujet particulier en raison de la façon dont les hashtags se comportent comme une sorte de filtre caractéristique. Voici la façon de lancer une recherche de hashtag sur la page de recherche avancée :

- Dans la zone de texte "This Hashtag", tapez le sujet du hashtag que vous souhaitez trouver. (Essayez de ne pas encore inclure l'image hashtag, Twitter le fait automatiquement)

- Cliquez sur Rechercher Bien que la recherche de hashtag soit la moins exigeante de la boîte de recherche puisque vous devez simplement placer le hashtag (#) avant le sujet. Par exemple, si vous recherchez "#windows7)", les résultats incluront les messages avec "windows 7)".

Recherche de tweets par lieu

Si vous utilisez Twitter sur votre téléphone portable et que ce dernier intègre un capteur GPS, il y a de fortes chances que le client affiche votre position avec votre mise à jour. De cette façon, les tweets que vous envoyez sont étiquetés avec votre position actuelle, un si grand nombre de rafraîchissements de Twitter ont un emplacement connexe. Si vous souhaitez trouver des personnes qui tweetent à proximité d'un lieu particulier, vous pouvez utiliser la recherche Twitter pour déterminer ce lieu et la distance. Par exemple, vous pouvez rechercher des tweets envoyés à moins de 25 miles de Lawrenceville, en Géorgie.

Voici 4 étapes pour rechercher des tweets par lieu en utilisant la page de recherche avancée

1. Dans la zone de texte "Près de cet endroit", tapez "Lieu".

2. Utilisez la liste "Inside this Distance" pour sélectionner la valeur. Les décisions sont 1, 5, 10, 15, 25, 50, 100, 500 ou 1000.

3. Sélectionnez Miles ou Kilomètres

4. Recherche rapide.

Pour faire une stratégie similaire cependant dans la boîte de recherche, inclure essentiellement deux opérateurs

- Utilisez presque cet opérateur suivi du nom du lieu pour rechercher des tweets envoyés depuis ce lieu

- Dans le cadre de l'utilisation de cet opérateur suivi d'un nombre suivi de mi (pour les miles) ou de km (pour les kilomètres) pour rechercher des tweets à l'intérieur de cette distance de localisation.

Modèle : McDonalds près d'Atlanta dans un rayon de 10 miles

L'un des principaux avantages que vous obtenez en faisant appel à ces opérateurs est que vous pouvez les utiliser tous seuls. Ce qui signifie que l'utilisation de "fermer" tout seul montre chacun des postes envoyés depuis ce seul endroit. L'utilisation de "inside" tout seul montre chacun des postes envoyés à l'intérieur de la distance prédéterminée de l'emplacement actuel.

Secrets de recherche sur Twitter

La plupart des utilisateurs de médias sociaux ne connaissent pas les avantages et les caractéristiques d'un site de médias sociaux particulier. Twitter, par exemple, dispose d'une barre de recherche unique et complexe pour aider les utilisateurs à trouver précisément ce qu'ils recherchent sans complications. Parce que tant de gens ne savent pas comment utiliser correctement la recherche sur Twitter, j'ai dressé une liste de quatre secrets que la plupart des gens ne connaissent pas sur la barre de recherche unique de Twitter.

1) Comment trouver des réponses et des mentions à travers des profils multiples Certaines personnes ont plusieurs comptes Twitter pour différentes raisons. Vérifier chacun d'entre eux individuellement est incroyablement long et fastidieux. Si vous

souhaitez obtenir toutes les réponses et les mentions qui vous concernent, sur plusieurs profils Twitter, vous pouvez les rechercher toutes en utilisant Twitter Search. Par exemple, j'ai deux profils twitter et je veux vérifier les réponses et les mentions sur les deux en même temps. Je tape simplement ce qui suit dans la barre de recherche : to:stephaniestover OU to:costaricatips (etc...)

2) Comment s'informer sur le concours Vous n'avez probablement pas réalisé que vous pouvez suivre ce que vos concurrents disent sur Twitter, ainsi que la façon dont les gens y répondent. Recherchez de:concurrent OU de:concurrent. Par exemple, si votre concurrent est "concurrent" (@competitor), vous pouvez rechercher de:concurrent OU à:concurrent

3) Comment obtenir uniquement de nouvelles informations sur un mot-clé De nombreuses personnes utilisent la recherche sur Twitter en utilisant des hashtags ou des noms de produits. Malheureusement, les résultats sont souvent remplis de tweets identiques, ce qui peut être très ennuyeux. Si vous souhaitez rechercher quelque chose sur le "Costa Rica" par exemple, mais sans les tweetés, cherchez "CostaRica" -rt -via

4) Comment trouver toutes les images partagées sur un mot-clé Souvent, les gens recherchent sur Twitter certaines images que les gens publient sur un sujet ou un événement particulier. Pour la coupe du monde de cette année, je suis sûr que les gens voudront des photos amusantes de football ou de buts ou de leur joueur préféré. Pour rechercher uniquement des images sur un certain sujet, tapez "world cup" twitpic OU yfrog OU post.ly OU twitgoo OU pikchur filter:links J'espère que certains de ces conseils vous aideront dans votre recherche sur Twitter, et vous aideront à élargir votre base de connaissances sur les médias sociaux. Twitter est un excellent outil pour les entreprises ainsi que pour l'internaute moyen, et il est fortement recommandé de s'informer sur la manière de l'utiliser efficacement.

Comment utiliser Twitter au profit de votre entreprise.

Twitter existe depuis 2008 et a connu un développement spectaculaire avec plus de 25 millions d'utilisateurs (dont un nombre important d'entreprises) et une croissance rapide. Ensemble, ils "tweetent" plus de 30 millions de fois par jour et, vous l'avez compris, leur nombre augmente rapidement. Officiellement connu sous le nom de "MicroBlogging", twitter dispose d'un canal de passage compressé de 140 caractères, juste assez pour faire une remarque rapide ou poster un ou deux liens. La pression exercée pour que chaque tweet compte a considérablement affecté son résultat ; quelques personnes font des déclarations que d'autres trouvent très intrigantes. Il est clair que la grande majorité des utilisateurs sur Twitter, comme sur Facebook, ont un compte personnel et cela peut aller d'un enfant de plusieurs années dans sa chambre sur l'île de Man à Barrack Obama utilisant son Blackberry à bord d'Air Force One.

Cependant, de nombreuses entreprises utilisent Twitter pour leurs affaires. Dell a été un utilisateur actif de Twitter depuis sa création et a enregistré 3 millions de dollars de revenus directs grâce à un investissement de moins de 50 000 dollars par Tweeting sur les arrangements sur leurs PC.

Les portes ouvertes sont perpétuelles, mais une chose est sûre : quelle que soit la taille de votre entreprise, vous ne pouvez pas vous permettre de ne pas utiliser cette étape de mise en réseau en ligne qui connaît un succès considérable. Les recherches montrent que les supports publicitaires habituels ont connu une diminution massive ces derniers temps alors que le marketing avancé est en pleine expansion. En outre, les clients suivent un modèle de confiance dans les suggestions d'accompagnement au lieu d'écouter la publicité directe. En fait, un consommateur averti agira souvent sur un "Tweet" avant d'agir sur une "Promotion".

Vous trouverez ci-dessous un aperçu des choses à faire si vous souhaitez que votre entreprise tire profit de Twitter :

- Créez un compte et commencez rapidement à utiliser la recherche sur Twitter pour écouter votre nom, les noms de vos rivaux, les mots qui s'identifient à votre espace.

- Ajoutez une image, une photo décente - Partagez des liens vers des choses intéressantes dans votre région.

- Faites attention à ne pas toujours " maquer " vos affaires ; cela pourrait fonctionner à petites doses, mais la grande majorité d'entre elles seront bloquées.

- Faites la promotion des histoires de vos représentants en dehors du travail.

- Ayez plus qu'un Twitterer dans votre entreprise. Les gens peuvent s'arrêter. Les gens prennent des congés. C'est décent d'avoir un assortiment.

- Lorsque vous avancez un billet de blog, posez une question ou clarifiez ce qui va suivre immédiatement, au lieu de simplement supprimer un lien.

- Poser des questions. Twitter est un excellent moyen d'exprimer ses sentiments.

- Suivez des personnes intrigantes. Si vous trouvez quelqu'un qui tweet des choses fascinantes, suivez le et voyez qui il suit.

- Partagez l'aspect humain de votre entreprise. Si vous essayez de tweeter, cela signifie que vous pensez que la vie en ligne incite à l'établissement de relations humaines.

- Ne vous réjouissez pas trop

- Apprenez rapidement à utiliser les dispositifs de raccourcissement d'URL comme TinyURL et chacune de ses variantes. Il aide à nettoyer en augmentant vos tweets.

- Commenter les tweets des autres et "retweeter" ce que les autres ont posté est une excellente méthode pour créer un réseau.

- L'utilisation d'un client externe comme TweetDeck peut vous permettre de gérer différents comptes twitter et de voir qui tweet à votre sujet ! Surtout, ne créez pas un compte juste pour l'oublier car vous êtes excessivement occupé, Twitter est peut-être en train de se développer et au cas où vous n'y seriez pas, vous laisserez passer une opportunité majeure, peut-être pas encore assez tôt pour le moment. Gardez à l'esprit que si vous ne pouvez pas le faire : Trouvez du temps/Prenez le temps de payer quelqu'un pour le faire à votre place car cela créera une arrivée et vous finirez par en ressentir les avantages

Comment utiliser Twitter comme outil de marketing

comment utiliser twitter comme outil de marketing et couvrira quelques points essentiels :

1. Comment les gens aiment être informés

2. Créer un public ciblé

3. S'assurer que vous apportez une valeur ajoutée à vos adeptes

4. Comment promouvoir l'utilisation de twitter

1. Comment les gens aiment être informés Il ne vous est peut-être pas venu à l'esprit que twitter n'est en fait qu'une plateforme de blogging, tout comme vos blogs standards. Vous pouvez toujours obtenir des flux rss, vous pouvez même envoyer des ping à vos tweets et entretenir vos messages comme vous le feriez si vous utilisiez un blog à des fins de marketing sur Internet. Vous devez donc avoir la même étiquette avec twitter qu'avec les autres contenus que vous publiez sur le web. La publication sur twitter est limitée à seulement 140 caractères, ce qui signifie que vous avez très peu d'espace pour poster quelque chose qui attire l'attention de quelqu'un. À bien des égards, il s'agit d'un test de la qualité de votre titre ! Oui, vous avez des services de raccourcissement d'URL pour ajouter un peu d'espace, mais la nature de la conception de Twitter devrait vous donner l'idée que les gens veulent entendre des choses qui sont "dignes d'intérêt", choquantes, et qui en général ajoutent une grande valeur à leur temps. Ils ne veulent pas qu'on leur envoie du courrier sur les offres, les ventes d'affiliation et les tracasseries incessantes pour agir.

2. Créer un public ciblé

La première étape consiste à utiliser la recherche sur Twitter, qui vous permet de découvrir ce que les gens recherchent ou ce qui les intéresse, jusqu'à leur localisation géographique ! Vous pouvez donc choisir de suivre immédiatement les personnes qui s'intéressent vraiment à un sujet particulier. Vous pouvez également utiliser des outils de twitter externes tels que twellow - qui est un répertoire de biographies de personnes sur twitter vous donnant à nouveau des personnes ciblées et leurs intérêts. Il existe aujourd'hui des centaines d'outils de twitter, mais ces deux-là vous mettront sur la bonne voie. En général, si vous suivez quelqu'un, il vous suit presque 8 fois sur 10 ! Maintenant, si vous commencez à ajouter du contenu informatif impressionnant, ils vont bientôt commencer à re-tweeter vos tweets et c'est l'un des effets viraux de twitter et vous commencerez à être mentionné et respecté en tant que bon tweeter.

3, S'assurer que vous apportez une valeur ajoutée à vos adeptes

 C'est crucial ! Comme je l'ai déjà dit, Twitter est comme n'importe quelle autre page web sur Internet, vous devez fournir des informations que les gens trouveront intéressantes et précieuses. L'une des façons de procéder est la même que pour vos propres pages web, la recherche par mots-clés, vous indique ce que les gens recherchent et vous pouvez ensuite simplement publier un article sur votre blog puis tweeter à propos de cet article pour obtenir du trafic vers votre post. Vous pouvez en fait utiliser les alertes Google et les transformer en flux rss et les faire passer par une application appelée tweet qui peut programmer vos messages sur twitter en combinant un service de raccourcissement d'URL tel que tiny URL, ou bit.ly et ce que cela fait, c'est que Google vous envoie des flux sur le mot-clé que vous avez défini et envoie des messages à votre compte twitter avec un lien vers ce contenu. C'est une façon intelligente de proposer un contenu de qualité pour vos messages. Si vous ajoutez 1 à 2 flux par jour à vos pots Twitter, vous pouvez automatiser l'envoi de contenu ciblé à partir de votre compte, ce qui vous permet d'entrer en contact avec vos abonnés et d'automatiser et de gagner du temps. Vous pouvez ensuite simplement ajouter des postes manuels au fur et à mesure de vos besoins. Ainsi, en syndiquant votre contenu comme le font les gens sur leurs blogs, vous créez des nouvelles et du contenu que les gens peuvent apprécier !

4. Comment promouvoir l'utilisation de twitter

Si vous avez compris les points ci-dessus, vous comprendrez que la promotion de l'utilisation de Twitter consiste d'abord à renoncer à des tonnes d'informations gratuites de qualité et ensuite à penser à l'argent. À bien des égards, je ne toucherais même pas à un message promotionnel sur Twitter avant environ 4 semaines ou j'attendrais que vous ayez 1000-2000 followers en utilisant les exemples ci-dessus ; cela ne prendrait pas longtemps, de cette façon vous auriez eu plusieurs semaines pour construire un follower qui n'aurait eu que du contenu de qualité de votre part. Une fois que vous avez le dôme, ils ont votre confiance et apprécient votre opinion, de sorte que lorsque vous devez promouvoir quelque chose de flétrissant pour vous ou en tant qu'affilié, ils seront beaucoup plus enclins à agir. Il vous suffit donc de faire une promotion douce avec ce que vous cherchez à gagner de l'argent, en utilisant encore une fois de bons titres qui suscitent la curiosité et ajoutent même un peu d'humour. Suivez les 4 étapes ci-dessus pour construire un suivi ciblé de qualité, c'est l'adage habituel : la qualité et non la quantité, vous pouvez dire qui sont les meilleurs tweeters, ils sont souvent mentionnés et ils ont fait des efforts pour mettre en place leur fond et ajouter beaucoup de valeur.

Conclusions

Je vous entends maintenant dire : "Bien sûr, vous faites paraître cela simple, mais ce n'est pas du tout le cas". J'ai beaucoup entendu cela de la part d'AV qui se battent dans leur entreprise. Pourtant, ce que je les ai aidés à apprendre (compte tenu du fait que j'avais besoin de l'apprendre moi-même !), c'est qu'ils sont la principale explication au fait qu'ils n'ont pas beaucoup de bons clients. Il est possible qu'ils ne se soient pas concentrés sur leur point fort, ou qu'ils n'aient pas mis en place une évaluation correcte, ou qu'ils n'aient pas distingué les meilleures personnes qu'ils doivent soutenir. Au moment où vous accomplissez ces trois choses, tout d'un coup, tout a beaucoup plus de sens. Vous êtes payé ce que vous valez, vous accomplissez les choses que vous aimez faire et vous travaillez avec des personnes qui vous estiment et vous apprécient vraiment. De plus, si elles ont fait chacune des trois pièces et n'ont pas encore assez de clients importants, il reste alors à savoir si elles sont perceptibles ou si elles présentent les personnes idéales. La mise en réseau est fondamentale, et la connexion, l'interface et le suivi sont les principaux éléments qui vous aideront à repérer de nouveaux clients. J'ai parlé aujourd'hui avec un associé qui a fabriqué un site web pour un client, et maintenant le client demande pourquoi son entreprise ne s'est pas envolée. Cependant, elle ne fait pas avancer son site web, elle ne se met pas en réseau, elle ne trouve pas les clients qui ont besoin d'elle.

Vous devez effectuer l'ensemble des démarches pour obtenir l'entreprise. Ce n'est pas difficile - ce n'est vraiment pas difficile - mais vous DEVEZ plutôt prendre les mesures nécessaires. En outre, lorsque vous apprenez à faire les démarches nécessaires, tout est possible pour votre entreprise. Obtenir des clients est simple - je vous mets donc au défi de réfléchir à la pièce sur laquelle vous devez travailler et de mettre en place un arrangement pour aller de l'avant.